墨香会计学术文库

会计规则演变背景下
股权投资会计信息有用性研究

The Usefulness of Equity Investment Accounting Information Based
on the Evolution of Chinese Accounting System

莫冬燕 著

东北财经大学出版社
Dongbei University of Finance & Economics Press
大 连

图书在版编目（CIP）数据

会计规则演变背景下股权投资会计信息有用性研究 / 莫冬燕著.
—大连：东北财经大学出版社，2018.3
（墨香会计学术文库）
ISBN 978-7-5654-3041-1

Ⅰ．会…　Ⅱ．莫…　Ⅲ．上市公司-会计信息-研究-中国
Ⅳ．F279.246

中国版本图书馆CIP数据核字（2018）第000486号

东北财经大学出版社出版
（大连市黑石礁尖山街217号　邮政编码　116025）
网　　址：http://www.dufep.cn
读者信箱：dufep@dufe.edu.cn
大连图腾彩色印刷有限公司印刷　　东北财经大学出版社发行
幅面尺寸：170mm×240mm　字数：197千字　印张：10.75　插页：1
2018年3月第1版　　　　　　　2018年3月第1次印刷
责任编辑：李　彬　　　　　　　责任校对：王　娟
封面设计：张智波　　　　　　　版式设计：钟福建
定价：42.00元

教学支持　售后服务　联系电话：（0411）84710309
版权所有　侵权必究　举报电话：（0411）84710523
如有印装质量问题，请联系营销部：（0411）84710711

国家自然科学基金项目"媒体关注、内部控制有效性对会计信息质量的影响与实证研究"（项目编号：71602024）；中国博士后科学基金面上资助项目"关系型股东对股利分配的影响及其经济后果为 研究"（项目编号：2015M571317）

作者简介

莫冬燕（1984—），女，广西金秀人，管理学（会计学）博士，毕业于中国人民大学。现任东北财经大学会计学院讲师、硕士生导师，主要从事会计理论与会计准则、内部控制与风险管理等领域研究。目前主持国家自然科学基金青年项目1项、中国博士后科学基金面上资助项目1项、辽宁省社会科学规划基金项目1项、辽宁省财政科研基金重点项目1项、辽宁省教育科学"十三五"规划课题1项；主研国家自然科学基金项目2项、国家社会科学基金项目1项、省部级项目6项。以独立作者或第一作者在CSSCI等来源期刊公开发表论文20余篇，其中，人大复印资料《财务与会计导刊》全文转载4篇，多篇论文被国研网全文转载，获得辽宁省自然科学学术成果奖、大连市自然科学学术成果奖等4次。

前　言

　　股权投资已经成为企业普遍且重要的经济活动，如何在会计上进行有效反映也成为会计准则制定机构关注的重点之一。在会计准则国际协调与趋同的背景下，我国股权投资会计规则也历经了数次演变，由最初的单一成本法演变到现阶段的成本法、权益法和公允价值法并存。然而，目前我国会计准则与国际财务报告准则中关于股权投资会计的相关规定还存在差异，而且我国现行会计准则关于股权投资的分类和会计方法的规定也较为混乱。实务中，我国企业执行现行股权投资会计规则也存在混乱，且对企业财务报表所反映的财务状况和经营成果产生了较大影响。实务案例反映的问题较为典型，也引起了本书的反思：股权投资会计规则演变的理论根源是什么？实际执行效果如何？是否达到了预期目标？对已有文献进行梳理后发现，现有研究对相关问题的研究尚不够系统、深入。鉴于此，本书拟从源头上全面系统梳理股权投资会计规则的演变历程，并深入剖析其演变的根源。并且，综合采用规范研究、实证研究和实地调研等方法，检验股权投资会计规则的实施效果及股权投资会计信息的有用性。本书的主要研究内容及结论如下：

　　第一，全面系统梳理股权投资会计规则的演变历程得知，财务报告目标与财务报告披露制度一同影响着股权投资会计规则的演变，我国最近一次（2006年）演变是在决策有用财务报告目标及以合并报表为主、母公司报表为辅的财务报告披露制度主导下的变革。对现行股权投资会计规则的相关规定进行深入全面的理论推导可知，股权投资的分类、初始计量和后续计量的相关规定均存在一些缺陷，如分类混乱，会计方法适用标准的判断主观性太强，且没有一个清晰的准则指引，导致实务陷入了"公说公有理，婆说婆有理"的混乱和争论之中，且对企业财务报表所反映的财务状况和经营成果产生了较大影响。通过模拟演绎分析的方法也得知，企业管理当局还可以利用股权投资会计规则的缺陷通过股权安排调节企业利润，从而满足企业的盈余目标。由于现行股权投资会计规则本身的缺陷，以及实务执行中的混乱，最终导致生成的股权投资会计信息的有用性并不高。

　　第二，对股权投资会计信息的价值相关性进行实证检验，发现按照现行股权投资会计规则生成的会计信息具有价值相关性，但相对于旧股权投资会计规则而言，按照现行股权投资会计规则生成的会计信息的价值相关性并没有增强。可以推断，股权投资会计规则的演变没有提高股权投资会计信息的有用

1

性。进一步从盈余管理视角对现行股权投资会计信息的有用性进行实证检验，发现企业存在利用公允价值法和权益法最大化企业会计盈余，从而实现"扭亏为盈"的盈余管理行为。盈余管理的实证检验结果，一方面验证了理论推导关于企业利用股权投资会计规则缺陷进行利润调节的事实；另一方面也表明现行规则下股权投资会计信息的可靠性（如实反映）不强，所以影响了股权投资会计信息的价值相关性，也进一步表明了股权投资会计规则的演变并没有提高股权投资会计信息的有用性。

第三，股权投资会计的规则评价与信息有用性的实地访谈和问卷调查研究结果，直接佐证了我国现行股权投资会计规则存在的一些缺陷，进而得出现行股权投资会计信息的有用性不高这一观点。被访谈的实务界专业人士表示，对股权投资的分类和会计方法的选择主要是为管理者的目标服务而不是信息使用者。此外，股权投资会计信息的相关性体现并不明显，相对而言，可靠性（如实反映）体现更为明显。问卷调查也显示，绝大多数的信息使用者认为，现行股权投资会计信息的可靠性（如实反映）较低，甚至很低；大多数被调研对象对股权投资会计信息可理解性的评价也不高。实地访谈和问卷调查的研究结论，不仅与理论推导和实证检验进行了相互印证和补充，也为实证检验结果做出了有力的解释；更说明片面跟进 IFRS 的变化在增加财务报告编报成本的同时，并未有效提高股权投资会计信息的有用性。

基于上述主要研究内容及结论的基础上，结合本书的研究过程，得出如下启示：一要尽量避免采用主观性太强的分类标准对股权投资进行过多的分类；二要尽量避免在母公司报表中以主观性太强的判断标准作为股权投资会计方法适用的分界点；三要尽量利用财务报告的双重披露制对母公司报表和合并报表进行分工与协作，从而提高股权投资会计规则的有效性。进一步地，根据本书的研究内容及过程，结合实务界专业人士的修订意见，并权衡各方面条件和约束，本书对股权投资会计规则提出以下三点修订意见：

第一，简化股权投资的分类。根据股权投资持有目的"短期内买卖赚取差价"或"与被投资企业建立长期商业联系"将其划分为"交易性金融资产"和"长期股权投资"两类，且不能进行重分类。

第二，关于股权投资的初始计量，不需要根据取得的方式不同采用不同的计量基础计量股权投资的初始投资成本，仅以历史成本为计量基础对股权投资初始投资成本进行计价即可。

第三，关于股权投资的后续计量，当财务报表双重披露且以合并报表为主、母公司报表为辅时，在母公司报表中采用成本法核算长期股权投资，采用公允价值法核算交易性金融资产；在合并报表中对具有共同控制和重大影响的长期股权投资采用权益法核算，将具有控制的长期股权投资纳入合并报表范围；如果企业不存在合并报表时，采用附注形式披露对具有共同控制和重大影响的长期股权投资采用权益法核算生成的股权投资会计信息。当财务报表双重披露且以母公司报表为主，合并报表为辅时，在母公司报表中采用权益法核算具有重大影响以上的长期股权投资，采用成本法核算重大影响以下的长期股权投资，采用公允价值法核算交易性金融资产，在合并报表中将具有控制的长期股权投资纳入合并范围。

本书的主要改进与创新体现在以下几点：

1. 本书将股权投资会计规则的演变置于会计规则整体变革的背景下，从时间和空间维度进行比较全面系统的梳理，并深入剖析其演变的理论根源，弥补了现有研究主要对权益法核算要点和运用情形演变历程的梳理，以及对股权投资会计规则演变的理论依据重视不足的问题，并为恰当客观评价股权投资会计规则演变的合理性及是否达到预期的演变目标提供了一个理论依据。

2. 本书对股权投资的分类、初始计量和后续计量相关规定的合理性和可操作性进行了比较深入全面的理论推导，并在结合典型案例所反映问题的基础上，通过模拟演绎分析股权投资会计规则缺陷导致利润调节的理由和事实。一方面弥补了已有研究大多仅针对股权投资会计方法之间（如成本法和权益法）的优劣进行简单的比较，且尚未全面系统深入剖析股权投资会计规则合理性的不足。另一方面，有助于解释实务界在执行股权投资会计规则过程中陷入混乱与争论中的缘由，并有助于预测股权投资会计信息的有用性情况，为实证检验做出铺垫，以提高实证检验的有效性。

3. 本书综合运用规范研究、实证检验、实地访谈和问卷调查等方法，对本书拟解决的关键问题进行环环相扣、相互补充、相互印证的研究与分析，增强了研究结果的信度和效度，在一定程度上弥补了现有研究主要通过大样本回归进行档案研究的局限性。通过实地访谈和问卷调查不仅可以为实证检验结果进行佐证，还可以为实证检验结果发现的问题进行解释。此外，通过实地访谈和问卷调查获得的直接证据可以为股权投资会计规则演变的合理性和有效性的评价提供新的史料证据。

4. 探索性地提出股权投资会计规则的修订意见。结合本书的主要研究内容及结论，本书尝试利用合并报表和母公司报表的分工与协作对股权投资会计规则从分类、初始计量和后续计量三个方面提出修订意见。一方面，弥补现有文献关于股权投资会计规则修订方面研究的不足；另一方面，也可以为股权投资会计规则的进一步修订与完善提供参考意见。

总之，本书的研究有助于评价我国股权投资会计规则演变乃至企业会计规则整体演变的合理性与有效性，也为我国股权投资会计规则的进一步完善和有效实施提供了理论支持和经验证据，同时也为评价我国会计准则国际趋同的效果提供参考。

作　者
2017年10月

目　录

1 绪 论

本章主要阐述本书的研究问题、背景及研究这个问题的意义所在，并进一步提出本书要解决的关键问题及预期要达到的目标。为避免误解，还界定与本书研究相关的概念，并明确研究范围。紧接着介绍本书的研究思路、研究方法、技术路线和结构安排，最后总结本书的主要改进与创新。

1.1 选题背景及意义

股权投资已经成为企业普遍且重要的经济活动，对企业财务状况和经营成果的影响也重大。在会计上，如何有效反映企业如此重要的经济活动，成为准则制定机构关注的重点之一。在会计准则国际协调与趋同的背景下，我国股权投资会计规则也历经了数次演变，由最初的单一成本法演变到如今的成本法、权益法和公允价值法并存。然而，目前我国会计准则与国际财务报告准则中关于股权投资会计的相关规定还存在差异，而且我国现行会计准则关于股权投资的分类和会计方法的规定也较为混乱。实务中，我国企业在执行现行股权投资会计规则的过程中也存在混乱与争论，且对企业财务报表所反映的财务状况和经营成果产生了较大影响。实务案例反映的问题较为典型，也引起了本书的反思：股权投资会计规则演变的理论根源是什么？实际执行效果如何？是否达到预期目标？对已有文献进行梳理后发现，现有研究对相关问题的研究尚不够系统、深入。鉴于此，本书拟从源头上系统梳理股权投资会计规则的演变历程，并深入剖析其演变的理论根源。并且，综合采用规范研究、实证研究和实地调研等方法，检验股权投资会计规则的运用效果及股权投资会计信息的有用性。以下详细阐述本书的研究背景和意义。

1.1.1 股权投资成为企业普遍且重要的经济活动

随着经济全球化以及资本国际化，尤其2005年我国实施股权分置改革后，我国企业的股权投资活动越发活跃，已成为企业经营活动中极为重要且普遍的经济活动。我国沪深两市上市公司自2010年起多达95%以上的公司存在长期股权投资，接近10%的上市公司存在交易性金融资产[①]，17.66%的上市公司存在可供

---

① 为了行文方便，此处的"交易性金融资产"指列入交易性金融资产中的股权投资。下文同。

出售金融资产①，而且，持有股权投资的上市公司比例呈上升趋势（见表1-1），即越来越多的上市公司进行股权投资活动。

表1-1 沪深两市A股上市公司股权投资情况②

股权投资种类		2010年度		2011年度	
		家数	家数比例	家数	家数比例
长期股权投资	对子公司投资	1 962	92.16%	2 219	94.23%
	对合营企业投资	246	11.55%	339	14.39%
	对联营企业投资	1 153	54.16%	1 237	52.53%
	四无投资	1 286	60.40%	1 422	60.38%
小计		2 042	95.91%	2 298	97.58%
交易性金融资产		203	9.53%	203	8.62%
可供出售金融资产		376	17.66%	446	18.94%
合计数		2 129	—	2 355	—

说明：（1）表中的"四无投资"是指对被投资单位不具有控制、共同控制或重大影响，在活跃市场中没有报价、公允价值不能可靠计量的股权投资。（2）表中的"合计数"是指截止下一年度4月30日，沪深两市披露了年度报告的上市公司总数；"小计"是指存在长期股权投资的上市公司总数。

数据来源：手工采集上市公司母公司报表中股权投资情况数据。图表自制。

股权投资活动越发频繁的同时，对企业财务状况和经营成果的影响也越发的重大，据统计发现，上市公司投资收益占其净利润比重的平均数自2007年起（除2009年）均在50%以上，对联营企业和合营企业的投资收益占净利润比重的平均数自2008年起也均达到15%以上（见表1-2）。

其中，雅戈尔（600177）就是一家股权投资活动较为典型的上市公司。雅戈尔原属于服装行业公司，上市后经营范围不断扩大，并在不同行业进行参股或者投资。股权投资活动对雅戈尔的财务状况和经营成果影响重大，自2005年起股权投资期末账面价值占期末资产总额的比例高达50%以上，在2007年甚至达到87.18%；股权投资带来的投资收益占净利润的比重自2007年起也均高达114%以上，在2008年甚至高达327.84%（见表1-3）。据此可以推断，如果没有股权投资活动，雅戈尔自2007年起其经营均出现了亏损。

① 为了行文方便，此处的"可供出售金融资产"指列入可供出售金融资产中的股权投资。下文同。
② 由于目前只采集了2010年和2011年度的股权投资情况数据，故只列示2010年和2011年的统计数据。

表 1-2　　　　　　　　　股权投资收益占净利润比例情况

年份	投资收益占净利润比例		对联营/合营企业投资收益占净利润比例	
	平均值	中位数	平均值	中位数
2007	72.95%	16.34%	2.24%	0.99%
2008	68.49%	11.92%	22.74%	1.31%
2009	47.01%	15.19%	15.45%	1.48%
2010	66.72%	20.75%	15.90%	1.60%
2011	53.13%	21.06%	16.81%	1.16%
2012	57.10%	22.62%	17.14%	0.70%

数据来源：来自 Wind 咨询金融终端中全部 A 股上市公司的母公司报表。图表自制。

表 1-3　　　　　　　雅戈尔股权投资占母公司财务状况/经营成果情况　　　　单位：亿元

年度	长期股权投资	交易性金融资产	可供出售金融资产	股权投资合计数	股权投资/资产总额	投资收益	投资收益/净利润
2005	40.56	0.00	0.00	40.56	67.18%	0.05	0.82%
2006	42.88	0.00	0.00	42.88	63.62%	0.35	4.63%
2007	38.39	0.02	164.97	203.37	87.18%	31.32	147.69%
2008	49.73	0.01	46.72	96.46	54.75%	27.74	327.84%
2009	64.77	8.93	112.47	186.17	75.72%	27.37	114.66%
2010	79.19	0.27	121.89	201.34	84.11%	25.62	128.54%
2011	81.21	0.00	93.62	174.83	71.09%	20.94	159.17%
2012	106.26	0.00	84.32	190.58	72.48%	13.19	197.57%

数据来源：来自雅戈尔（600177）年度报告中的母公司报表数据。图表自制。

综上所述可知，股权投资是企业普遍且重要的经济活动，对企业的财务状况和经营成果的影响也较为重大，所以，对股权投资的会计规范也一直是会计准则制定机构关注的重点之一。

1.1.2　现行股权投资会计规则导致实务陷入混乱和争议之中

国际范围内股权投资会计规则历经三个阶段两次演变，演变到现阶段的我国现行股权投资会计规则存在一些缺陷。具体而言，主要体现在三个方面：（1）股权投资的分类较为混乱，分类标准的主观性较强、较难判断，且极易被企业管理当局操纵。（2）股权投资会计方法的适用规定也存在逻辑冲突，如在母公司报表中对具有控制的股权投资（影响力最强）和不具有控制、重大影响或重大影响的股权投资（影响力最弱）采用成本法进行核算，而对于具有共同控制或重大影响的股权投资（影响力居中）的股权投资采用权益法进行核算。（3）股权投资会计规则中关于公允价值法的规定也缺乏理论依据，如对可供出售金融资产采用公允价值进行初始计量和后续计量，且将其持有期间的公允价值变动直接计入权益，在出售时将累积的资本公积转入投资收益。

由于我国现行会计准则关于股权投资的分类和会计方法的规定存在的上述诸多问题，给我国企业执行会计准则带来了困难和障碍。据北京市国资委在2008年对已经实施2006年颁布的《企业会计准则》的15家企业的会计处理进行复核发现，有12家企业（占比80%）存在与股权投资会计分类有关的问题。下文以雅戈尔（600177）部分股权投资的相关会计处理情况为例，说明企业在执行股权投资会计规则过程中存在的混乱与争议。表1-4列示了雅戈尔对部分股权投资的会计处理情况。

表1-4　　　　　　　　雅戈尔对部分股权投资的会计处理情况　　　　　　单位：万元

证券简称	持股比例	董事人数	分类	初始投资成本	期末账面价值	报告期损益	报告期所有者权益变动
2007年部分股权投资的会计处理情况							
宜科科技	12.84%	2人	对联营企业投资	1 890.13	5 348.66	233.77	−168.24
广博股份	14.95%	2人	四无投资	983.20	983.20	1 121.33	0.00
2009年部分股权投资的会计处理情况							
宜科科技	12.84%	2人	对联营企业投资	1 890.13	5 293.68	95.86	95.86
广博股份	14.95%	2人	可供出售金融资产	983.20	32 138.11	430.93	16 937.3

说明：（1）表中的"四无投资"是指不具有控制、共同控制或重大影响，且在活跃市场中没有报价、公允价值不能可靠计量的股权投资；（2）"董事人数"是指雅戈尔在宜科科技和广博股份董事会中派驻的董事人数。

资料来源：作者根据雅戈尔（600177）年度报告中披露的数据整理而来。图表自制。

由表1-4可知，雅戈尔认为其对宜科科技的股权投资具有重大影响力，所以将其划分为长期股权投资且采用权益法进行核算；对广博股份的股权投资不具有重大影响力，所以在2007年将其划分为"四无投资"且采用成本法进行核算，而在2009年虽然影响力未发生变化但是股权投资的市场状况发生了变化，所以将"四无投资"重分类为可供出售金融资产且采用公允价值法进行核算。但是，雅戈尔对其股权投资的分类和会计处理方法存在混乱且有争议之处，具体阐述如下：

（1）股权投资的分类较为混乱且令人难以理解

在2007年将对宜科科技和广博股份的股权投资分别划分为具有重大影响的股权投资和不具有控制、共同控制或重大影响的股权投资的依据是对股权投资"影响程度"这一分类标准的判断不同。查阅雅戈尔与这两家公司的关系可知，雅戈尔均是这两家公司的发起人，分别位列第三大股东和第二大股东地位，而且均在这两家董事会派驻了2位董事会成员。根据"重大影响"的判断标准可知，雅戈尔对宜科科技和广博股份的财务和经营政策均能够施加重大影响，但雅戈尔却认为自己对宜科科技和广博股份的财务和经营政策的影响力不同，这样的处理令人困惑。

此外，2009年在持有广博股份（002103）的股权比例、股东地位、派驻董事会人数，以及市场状况等均未发生变化的情况下，雅戈尔却将持有广博股份的股权由采用成本法核算的"长期股权投资"划分为"可供出售金融资产"也令人困惑不解。查阅雅戈尔年度报告的相关披露，并未能找到如此重分类的理由和依据。进一步查阅其他相关资料可知，雅戈尔持有广博股份的股份具有限售期，承诺期为2010年1月1日。如果因为限售期的关系而在2007、2008年一直确认为长期股权投资，那么在2009年也仍然应该在其他条件未发生变化的情况下确认为长期股权投资，但是雅戈尔却重分类为可供出售金融资产。雅戈尔这一会计处理的确令人无法理解其股权投资会计分类的标准。

由于雅戈尔股权投资分类标准不清导致股权投资分类混乱，对企业财务状况也影响重大，由于重分类给雅戈尔的所有者权益带来了16 937.3万元的变动额；资产项目发生了变化，且期末账面价值的变动额为31 154.91万元。

（2）股权投资会计方法的适用标准存在争论

雅戈尔对宜科科技和广博股份的股权投资采用不同的会计处理方法的关注焦点在于对"重大影响"的判断。根据"重大影响"的判断标准可知，投资企业是否在被投资企业董事会中派驻董事会成员是一个典型的判断标准。由表1-4可知，雅戈尔在宜科科技和广博股份的董事会中均派驻了2名董事会成员。此外，进一步追踪雅戈尔与这两家上市公司的关系可知，雅戈尔均是这两家上市公司的发起人；在宜科科技位列第三的股东地位且将雅戈尔常务副总经理和副总经理兼财务经理派驻宜科科技董事会；在广博股份位列第二大股东地位且委派雅戈尔常务副总经理和副总经理兼财务总经理进入广博股份董事会。如果说雅戈尔能够对宜科科技施加重大影响，那么对广博股份则更加能够施加重大影响了，但是雅戈尔却认为其并未能对广博股份施加重大影响。那么雅戈尔对"重大影响"能力的判断标准是什么呢？令人困惑不解。

1.1.3 反思与本书研究意义

实务案例反映的问题较具典型性，在一定程度上表明我国现行股权投资会计规则关于股权投资的分类和会计方法的相关规定较为混乱。实务中陷入混乱与争论的局面也引发了本书的反思：首先，股权投资的分类和会计方法的选择，究竟是否存在较为客观的标准，在实务中又如何较为客观地判断股权投资的分类标准和会计方法的适用标准？其次，对股权投资分类标准的判断和会计方法的选择到底是基于委托人（投资者）还是代理人（管理者）的目的？最后，股权投资会计规则历经了多次演变，演变到现阶段的股权投资会计规则真的能有效提高股权投资会计信息对信息使用者的决策有用性吗？

对已有相关文献进行梳理后发现[①]，已有研究往往局限于对股权投资不同会计方法（如成本法和权益法）之间做简单比较，对股权投资会计规则的理论依据是否充分，逻辑基础是否坚实，实际运用效果如何，股权投资会计信息是否达到对主要信息使用者有用的预期目标，还缺乏系统、深入的研究。鉴于此，本书试图对实务案例所反映的典型问题做更为系统、深入和细致的研究。本书研究的理论意义和实践价值主要体现在以下几个方面：

（1）从源头上系统梳理股权投资会计规则的演变历程，深入剖析其演变的理论根源，有助于较为全面地认识和评价股权投资会计规则演变的合理性和有效性，并进一步有助于评价股权投资会计信息的有用性。

（2）综合采用归纳法、演绎分析、典型案例等研究方法对股权投资会计规则相关规定进行评价，并结合大样本回归、问卷调查及实地访谈等方法，对现行股权投资会计规则相关规定下生成的股权投资会计信息的有用性进行检验，尽可能增强了研究结论的信度和效度，进而有助于有效地修订和完善股权投资会计规则，从而提高股权投资会计信息的有用性。

（3）对于股权投资会计规则及其实施效果进行评价和检验，可以为我国股权投资会计规则的进一步完善和有效实施提供理论支持和经验证据。

（4）基于财务报告概念框架视角，对股权投资会计规则及其信息有用性进行评价和检验，有助于从股权投资会计规则视角更好地认识财务报告概念框架。

1.2 研究问题及研究目标

此处简单扼要地阐述本书拟解决的关键问题，以及拟达到的研究目标。

[①] 股权投资会计规则相关研究现状和述评可以详见本书第2章文献回顾与述评。

1.2.1 本书拟解决的关键问题

本书拟解决的关键问题是：股权投资会计规则的演变是否提高了股权投资会计信息对主要信息使用者的有用性？为了解决这一关键问题需要对以下四个问题进行研究：

第一，股权投资会计规则演变的理论根源是什么？股权投资会计规则为什么会演变成按照"影响程度"、"管理层意图"和"市场状况"进行分类，并分别采用成本法、权益法或公允价值法进行核算？对这两个问题进行研究有助于系统梳理和深入剖析股权投资会计规则演变的理论依据，为评价现行股权投资会计规则的合理性，进而评价股权投资会计信息的有用性提供一个理论依据。

第二，现行股权投资会计规则本身是否真的合理有效？会计规则会影响会计信息的生成，进而影响会计信息质量，最后影响会计信息的有用性。股权投资会计规则也不例外，股权投资会计规则本身是否合理有效同样会影响生成的股权投资会计信息的有用性。对现行股权投资会计规则的合理性和有效性进行理论评价，有助于预测股权投资会计信息的有用性，并为实证检验作铺垫。

第三，现行股权投资会计规则是否得到有效执行？除了会计规则本身会影响会计信息质量进而影响会计信息的有用性外，会计规则的执行情况也会影响会计信息的生成质量，进而影响会计信息的有用性。股权投资会计规则的执行情况也不例外，同样会影响股权投资会计信息的有用性。对现行股权投资会计规则是否得到有效执行进行检验，有助于评价股权投资会计信息的有用性。本书主要通过典型案例、实地访谈和问卷调查对现行股权投资会计规则是否得到有效执行进行评价。

第四，如何衡量股权投资会计信息的有用性？如何比较新旧会计规则下股权投资会计信息的有用性？只有对股权投资会计信息的有用性进行了有效性的衡量，才能为评价股权投资会计信息提供一个可量化的标准，也才能有助于比较新旧会计规则下股权投资会计信息的有用性。本书主要通过实证检验进行衡量，并通过实地访谈和问卷调查进行佐证。

1.2.2 本书拟达到的研究目标

本书试图在全面系统梳理股权投资会计规则的演变历程，并深入剖析其演变的理论根源的前提下，结合我国会计规则演变的背景，综合运用理论评价、典型案例研究、模拟演绎分析等方法对我国现行股权投资会计规则的合理性和有效性做出理论推导，进一步运用实地访谈和问卷调查方法进行佐证。在此基础上，运用实证检验从多个角度检验按照我国现行股权投资会计规则生成的会计信息的有用性。另外，也进一步采用实地访谈和问卷调查进行佐证，并为实证检验结果发现的问题做出解释，从而评价我国现行股权投资会计规则实施的效果，即股权投资会计规则的演变是否提高了股权投资会计信息的有用性，为股权投资会计规则的修订与完善提供参考。

总而言之，理论研究是基础，目的是对股权投资会计规则的现状进行解释并预测其可能带来的经济后果；实证研究是检验，目的是对理论推导出的股权投资会计规则缺陷和实际状况进行检验；实地访谈和问卷调查是佐证，与理论研究和实证检验的结果进行印证，并为实证检验结果做出解释。本书研究的最终目标是尝试综合运用规范研究、实证检验、实地访谈和问卷调查等方法对现行股权投资会计信息有用性进行检验，据以评价我国股权投资会计规则演变的合理性和有效性，并试图找到进一步完善和改进我国股权投资会计规则的可能途径。

1.3 与本书研究相关的概念和范围界定

为了避免误解以及行文的方便，在研究开始之前有必要界定与本书研究相关的概念，并明确研究范围。

1.股权投资

股权投资，相对于债权投资而言的，在本书中是指企业通过各种交易或事项获取其他企业的权益性投资，包括长期股权投资、交易性金融资产中的权益性投资，以及可供出售金融资产中的权益性投资。此外，为了行文方便，本书将交易性金融资产中的权益性投资和可供出售金融资产中的权益性投资分别简称为"交易性金融资产"和"可供出售金融资产"。下文中如不做特别交代，交易性金融资产和可供出售金融资产均指列入了这两个项目的股权投资。

2.股权投资会计规则

股权投资会计规则，在本书中包括所有规范股权投资的企业会计制度、企业会计准则和相关的会计法规。股权投资会计规则主要涉及对股权投资的分类和会计处理方法，为了避免误解也进行了界定。

（1）股权投资的分类，该词可能引起歧义或误解，故而在此做出相应的界定。股权投资的分类在本书中是指将股权投资在会计上按照分类标准划分为财务报表上长期股权投资、交易性金融资产和可供出售金融资产三个项目。另外，《企业会计准则第2号——长期股权投资》规范的四类股权投资：对子公司投资、对合营企业投资、对联营企业投资，以及对被投资单位不具有控制、共同控制或重大影响，且在活跃市场中没有报价、公允价值不能可靠计量的权益性投资，也属于本书股权投资的分类的范畴。

此外，在本书中多次出现"三无投资"和"四无投资"概念，这两个概念是为了行文方便而做的简称。"三无投资"是指对被投资单位不具有控制、共同控制或重大影响的权益性投资；"四无投资"是指在活跃市场中没有报价、公允价值不能可靠计量的"三无投资"。

（2）股权投资会计方法，该词也可能引起歧义或误解，故而也在此做出相应的界定。股权投资会计方法在本书中是指在会计上对股权投资进行核算的方法。本书所指股权投资会计方法有三大类：成本法、权益法和公允价值法，其中，公允价值法还具体分为两种：一是公允价值变动直接计入损益的公允价值法，简称为公允价值法（计入损益）；二是公允价值变动直接计入权益的公允价值法，简称为公允价值法（计入权益）。

值得注意的是，本书是为了行文方便，将核算交易性金融资产和可供出售金融资产的会计方法分别简称为公允价值法（计入损益）和公允价值法（计入权益）。"公允价值法（计入损益）"是指对交易性金融资产的初始计量和后续计量均采用公允价值进行计量，并将持有期间的公允价值变动计入当期损益；"公允价值法（计入权益）"是指对可供出售金融资产的初始计量和后续计量均采用公允价值进行计量，并将持有期间的公允价值变动计入权益。

此外，也有文献将"合并报表"视为一种狭义的股权投资会计方法，但本书却未将其界定为股权投资会计方法，主要基于以下两个方面的考虑：（1）合并报表是一种对外披露股权投资会计信息的载体，强调披露。虽然合并报表出现的根源是股权投资，但合并报表主要是为了反映形成控股合并的长期股权投资[①]，其实这部分股权投资在母公司个别报表中已经进行了反映，合并报表只是将母公司个别报表中的"长期股权投资"和"投资收益"还原为各个子公司的资产负债表和利润表。（2）合并报表一直是财务会计领域的研究难点，合并报表涉及的面很广，涉及的问题也很多，如果将合并报表列入本书的股权投资会计方法范畴，那么本书研究难度将更大，从目前的时间和精力看是无法完成的。故此，本书未将合并报表作为本书股权投资会计方法的范畴，而是希望在未来的学术生涯中进一步去探索与研究。

3.股权投资会计信息有用性

在界定股权投资会计信息有用性之前，有必要先对会计信息[②]有用性进行界定，本书将会计信息有用性界定为会计信息的决策有用性。之所以如此界定，主要与目前决策有用观在会计准则制定中的地位有关。

决策有用观，首次出现在美国会计学会（American Accounting Association,

---

① 2010年人民出版社出版的财政部会计司编写的《企业会计准则讲解》以及2013年以前的注册会计师考试教材中并未出现过"形成控股合并的长期股权投资"这一概念，而是称为"企业合并形成的长期股权投资"（简称旧称谓）。实际上，只有当长期股权投资达到控股时，才能形成合并，所以旧称谓存在歧义。故向中国人民大学会计财务理论研究所戴德明教授建议：将旧称谓修订为"形成控股合并的长期股权投资"；将原来的"企业合并以外其他方式取得的长期股权投资"修订为"不形成控股合并的长期股权投资"；将"企业合并"修订为"控股合并"，并将原来企业合并类型修订为"同一控制下控股合并"和"非同一控制下控股合并"。戴德明教授的修订建议得到了相关人士的认可，故而2013年注册会计师考试教材做了相应的修订。由于后文也要用到相关概念，所以在此处进行了相应的注释说明。
② 本书不对"信息""会计信息""财务信息""财务报表信息""财务报告信息"做严格区分。

AAA）1966 年发布的《基本会计理论公告》（A Statement of Basic Accounting Theory）中，并在 1973 年被美国注册会计师协会（American Institute of Certified Public Accountants，AICPA）发布的特鲁布鲁德委员会（Trueblood Commission）报告《财务报表的目标》（Objectives of Financial Statements）[①]所强调。1978 年 11 月美国财务会计准则委员会（Financial Accounting Standard Board，FASB）发布的《财务会计概念公告第 1 号：企业财务报告的目标》明确提出了第一层次的财务报表的目标"为投资决策和信贷决策提供支持"，该机构后续陆续发布的其他《财务会计概念公告》也体现了对决策有用观的偏好，最终确定了决策有用观作为准则制定理论指南的地位。在当今会计准则国际趋同的大背景下，我国会计准则尤其是 2006 年 2 月颁布的《企业会计准则》也以决策有用观作为准则制定的理论指南。决策有用观强调会计信息的决策有用性，而根据国际会计准则理事会（IASB）和美国财务会计准则委员会（FASB）的趋同联合框架推演逻辑推演出具有决策有用性的会计信息要满足两个层次要求。

因此，结合本书的研究内容和目标，本书进一步将会计信息有用性界定为同时符合两个层次的要求：

第一层次的基本质量特征：相关性和可靠性（如实反映）[②]。一般而言，信息使用者能够做出有效的决策，必须掌握了相关的信息，且该信息是真实完整的，即该信息是具有相关性和可靠性（如实反映）的。2010 年 9 月发布的美国财务会计概念公告第 8 号（SFAC NO.8）也指出，"如果财务报告信息有用，那么它必须是与财务报告意欲反映的内容相关且得到了如实反映"。因此，有用的会计信息必须要满足最基本的质量特征要求，即相关性和可靠性（如实反映）。

第二层次的增量质量特征：可理解性。将可理解性列入本书有用会计信息要求中的主要理由是信息是否有用除了受到信息本身是否具备有用的特性影响外，还必须能够被信息使用者有效地使用，如此才能真正有用。而具备了有用特性的信息要能被使用者有效使用，则需要被使用者所理解。如果使用者不理解该信息，一方面有可能不使用该信息进行决策，那么具备了有用特性的信息也就没用了；另一方面有可能继续根据具备了有用特性的信息做决策，但是由于该信息的可理解性不强，使用者根据自己的判断可能误解了本身具有有用特性的信息，从而做出了错误的决策，那么该信息的有用性也无从谈起了。因此，本书认为可理解性也属于有用会计信息的一个必备特征。

此外，相关性、可靠性（如实反映）和可理解性这三者之间可能存在一些不

---

① 特鲁布鲁德委员会报告的《财务报表的目标》较以前更为强调财务报表使用者及其决策的需要。索特（George H. Sorter）是《财务报表的目标》的研究负责人，也曾是《基本会计理论公告》的起草人，且在 1969 年提出了"事项法"，认为会计应尽可能提供对决策有用的经济事项信息。

② 2010 年 9 月 FASB 发布的财务会计概念公告第 8 号（Statement of Financial Accounting Concepts No.8；SFAC No.8）用"如实反映"（faithful representation）取代了原来的"可靠性"（reliability）。为了与以往惯例保持一致，本书还是沿用"可靠性"这一概念。

可调和之处。例如，相关性和可靠性（如实反映）存在此消彼长的关系，葛家澍、林志军（2006）就指出"为了相关性就往往需要牺牲其可靠性了"。IASB和FASB的趋同联合框架下，"预测价值"成为了"相关性"的应有之义，而不再属于原来"相关性"下一层级的质量特征，会计信息的预测价值决定会计信息在生成过程中涉及更多对未来的预测和估计，从而也带来了可验证性差和可理解性不强等问题。如果继续将可验证性置于可靠性（如实反映）之下，将可理解性置于基本质量特征之前，那么就会自相矛盾。为了解决如此自相矛盾的情况，IASB和FASB的趋同框架将可验证性和可理解性拉入增量质量特征中，从而在一定程度上调和了相关性、可靠性和可理解性的关系。

其次，界定股权投资会计信息有用性。股权投资会计信息作为会计信息的组成部分，而且是重要的组成部分[①]，所以，上文讨论关于会计信息的有用性标准也适用于股权投资会计信息。本书也将股权投资会计信息的有用性界定为决策有用性，而具有决策有用性的股权投资会计信息也要满足两个层次的质量特征要求：第一层次的相关性和可靠性（如实反映），以及第二层次的可理解性。本书拟通过价值相关性检验对股权投资会计信息的相关性和可靠性进行联合检验，并进一步通过对股权投资会计规则的盈余管理检验间接评价股权投资会计信息的可靠性，进而评价股权投资会计信息的有用性。由于目前尚未存在有效的实证检验方法对会计信息的可理解性进行档案研究，所以本书拟通过实地访谈和问卷调查获取股权投资会计信息可理解性的直接证据。

1.4 研究思路与方法、技术路线图及结构安排

1.4.1 研究思路与方法

本书的研究思路可以简要概括为：从实践中发现问题→通过定性分析试图找出问题的原因所在→聚焦本书研究重点→提出本书研究假设→进行实证检验→实地调研进一步印证→试图找到问题的解决方案。

本书综合采用规范研究、实证研究和实地调研等研究方法，对本书的研究问题进行研究与论证。其中，理论研究是基础，用于解释现状与预测未来，即解释现行股权投资会计规则关于股权投资的分类和会计方法的相关规定存在混乱，且导致实务在执行过程中陷入混乱的现状，并预测按照现行股权投资会计规则生成的会计信息的有用性并没有得到提高，最终也没有实现决策有用目标的可能性；

[①] 一方面，据统计数据显示，股权投资占母公司资产负债表中的资产总额和净资产的比重较大，股权投资收益占母公司利润表中的净利润比重也较大；另一方面，合并报表的根源就是股权投资，一定程度上可以说合并报表就是为了反映股权投资活动的。

实证检验旨在检验理论分析的结果和实际状况，即检验现行股权投资会计信息的有用性是否有所提高；实地调研是佐证，并用于解释实证结果发现的问题，即为什么现行股权投资会计信息的有用性没有得到提高。具体阐述如下：

（1）规范研究方法

通过归纳法、演绎法分析股权投资会计规则的演变及其演变的理论根源，并评价股权投资会计规则演变的合理性和有效性，进而为评价股权投资会计信息的有用性提供一个理论依据；结合典型案例，理论推导现行股权投资会计规则的合理性，尤其是对股权投资会计的分类、初始计量和后续计量方法进行深入剖析，并利用模拟演绎分析方法探讨股权投资会计规则缺陷导致利润调节的事实和理由，从而推断出股权投资会计规则的演变并没有提高股权投资会计信息对主要信息使用者的有用性。

（2）实证研究方法

在典型案例及描述性统计分析基础上，通过大样本回归检验现行股权投资会计规则下会计信息的有用性（可靠性和相关性），并进一步检验相对于旧股权投资会计规则而言，现行股权投资会计规则是否提升了股权投资会计信息的有用性（可靠性和相关性）。由于目前尚未存在有效的实证检验方法对会计信息的可理解性进行档案研究，所以对于股权投资会计信息的可理解性主要通过实地访谈和问卷调查进行评价。

（3）实地调研方法

为了进一步佐证关于现行股权投资会计规则的理论评价，以及股权投资会计信息有用性的实证检验，本书结合实地访谈和问卷调查做进一步的佐证。另外，通过实地访谈和问卷调查了解企业专业人士关于股权投资会计规则的修订意见，从而为政策建议提供一定程度的支撑。

1.4.2 技术路线图

本书研究的技术路线如图1-1所示。

1.4.3 本书研究结构与安排

本书分为三个部分共六章，各章紧密结合，环环相扣，逻辑结构清晰严密。

（1）第1章、第2章是本书第一部分，属于提出问题与研究准备篇

第1章，绪论。首先，从统计数据和典型案例出发，提出本书拟要研究的问题，并阐述为什么要研究这个问题，以及本书选题的理论意义和实践价值；其次，更为具体地界定本书拟要解决的关键问题以及要达到的研究目标，并对本书研究的相关概念和范围进行界定；最后，介绍本书研究的基本思路，采用的研究方法，研究的技术路线图和基本结构框架。

研究框架	研究内容	研究方法

研究背景

股权投资已成为企业一项普遍且重要的经济活动，在会计上如何有效反映，也成了准则制定机构关注的重点

股权投资会计规则历经多次演变，我国现行股权投资的分类和会计方法较为混乱，导致执行中的混乱，股权投资会计信息的有用性受到了质疑

研究问题

股权投资会计规则的演变是否有效提升了股权投资会计信息对主要信息使用者的有用性

研究内容与方案

梳理股权投资会计规则的演变历程，进而剖析其演变的理论根源，从而以理论根源为依据对现行股权投资会计规则进行理论评价，并演绎分析其可能带来的经济后果

规范研究
典型案例
演绎分析

检验现行股权投资会计信息有用性，并检验相对于旧股权投资会计信息而言，新股权投资会计信息的有用性是否得到提高

实证检验

研究结论与政策建议

了解实务界专业人士关于股权投资会计规则与信息有用性的评价，以及对股权投资会计规则的修订意见

实地访谈
问卷调查

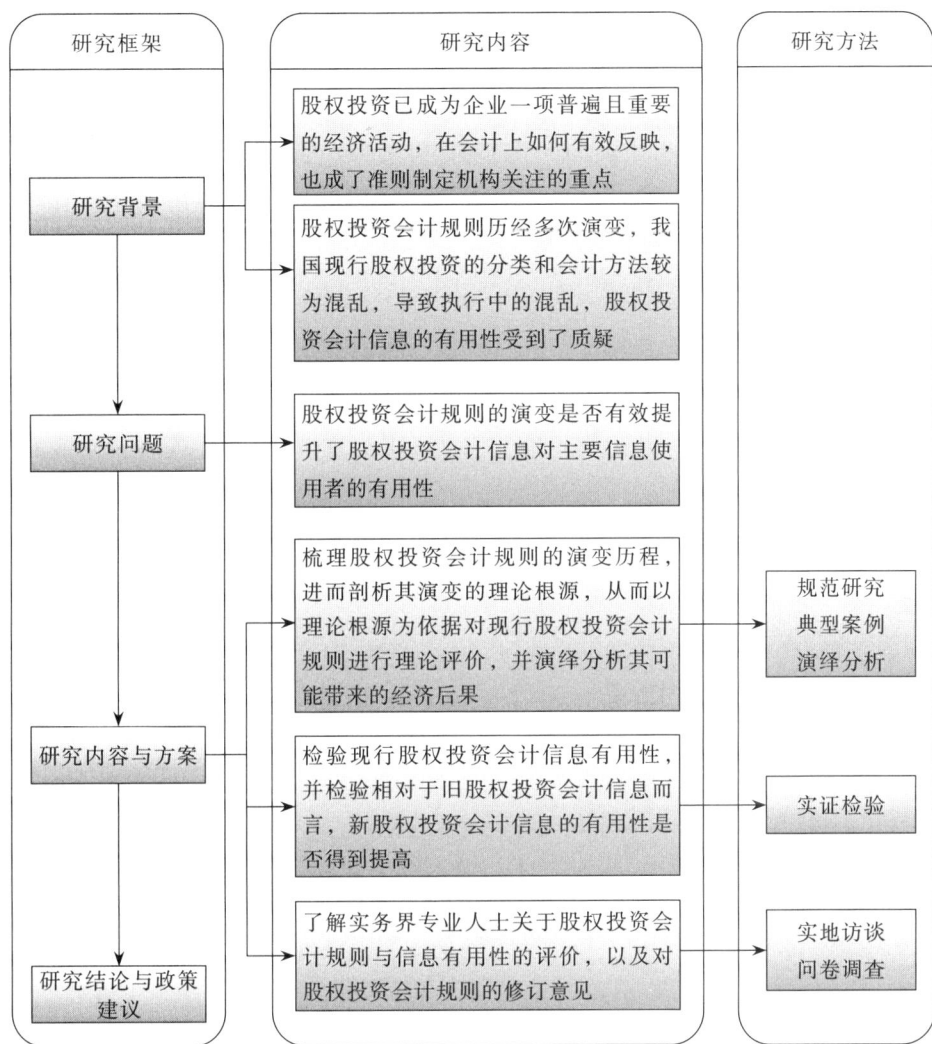

图 1-1　本书研究的技术路线图

第 2 章，文献回顾与述评。对与本书研究相关的国内外文献进行回顾，重点梳理已有关于权益法演变、股权投资的分类、会计方法，以及股权投资会计规则经济后果等的研究，并分别进行评述，从而掌握已有研究的现状，进一步明确本书研究的重点。

（2）第 3 章、第 4 章、第 5 章构成本书第二部分，属于分析问题篇

第 3 章，股权投资会计规则的演变与理论分析。首先，以权益法的演变为主线梳理国际范围内股权投资会计规则的演变历程，并从股权投资的分类、初始计量到后续计量等角度梳理我国股权投资会计规则的具体演变，然后深入剖析股权投资会计规则演变的理论根源；其次，以股权投资会计规则演变的理论根源为依

据对我国现行股权投资会计规则存在的缺陷分别从分类、初始计量和后续计量的相关规定进行理论推导；最后，通过模拟演绎分析企业利用股权投资会计规则进行利润调节的事实与理由，为评价股权投资会计信息的有用性提供一个理论依据，也进一步为后文的实证检验和调查研究作铺垫。

第4章，股权投资会计信息有用性的实证检验。利用价值相关性检验对我国现行股权投资会计信息的相关性和可靠性（如实反映）进行联合检验，并进一步利用Vuong检验来评价股权投资会计规则的演变是否能够提高股权投资会计信息对主要信息使用者的有用性。另外，还从企业是否利用股权投资会计规则进行盈余管理的视角评价现行股权投资会计信息的可靠性，从而进一步评价股权投资会计信息的有用性。

第5章，股权投资会计规则评价与信息有用性的调查研究。通过实地访谈和问卷调查了解企业专业人士对于现行股权投资会计规则的评价，为理论评价提供支撑，进一步评价股权投资会计规则下会计信息的有用性，为实证检验结果做出佐证和解释。并了解企业专业人士对于股权投资会计规则的修订意见，为后文提出的政策意见提供支撑。

（3）第6章是本书第三部分，属于解决问题篇

第6章，研究结论与政策建议。综合前文多角度多方法的研究过程，总结本书的主要研究内容及结论，并提出有针对性的股权投资会计规则的修订意见。最后，评价本书研究存在的局限性与不足，并对未来进一步研究做出展望。

本书研究的总体框架和各章安排如图1-2所示。

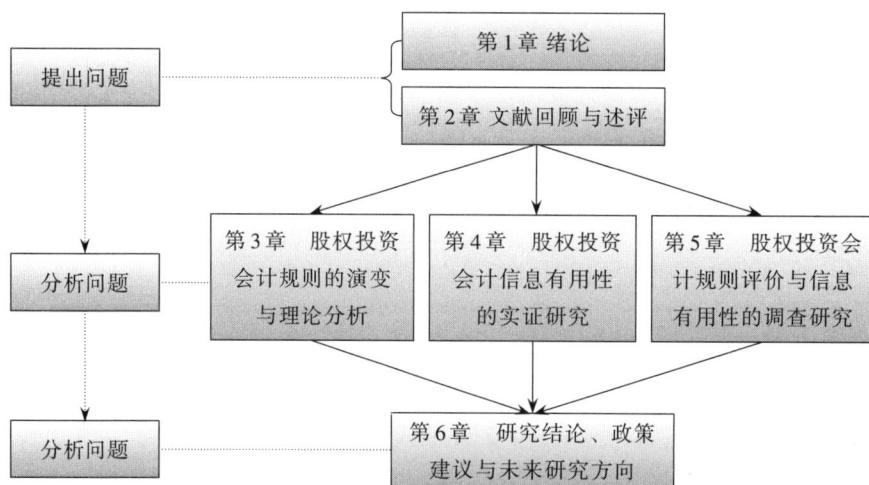

图1-2　本书研究结构框架图

1.5　主要改进与创新

本书的主要改进与创新体现在以下几点:

(1) 本书将股权投资会计规则的演变置于会计规则整体变革的背景下,从时间和空间维度进行比较全面系统的梳理,并深入剖析股权投资会计规则演变的理论根源,弥补现有研究对权益法核算要点和运用情形演变历程的梳理,以及对股权投资会计规则演变的理论依据重视不足的问题,并为恰当客观评价股权投资会计规则演变的合理性及是否达到预期的演变目标提供一个理论依据。

(2) 本书对股权投资的分类、初始计量,以及后续计量相关规定的合理性和可操作性进行了比较深入全面的理论推导,并在结合典型案例所反映问题的基础上,通过模拟演绎分析股权投资会计规则缺陷导致利润调节的理由和事实。一方面弥补了已有研究大多仅针对股权投资会计方法之间(如成本法和权益法)的优劣进行简单的比较,尚未全面系统深入剖析股权投资会计规则合理性的不足。另一方面,有助于解释实务界在执行股权投资会计规则过程中陷入混乱与争论中的缘由,并有助于预测股权投资会计信息的有用性情况,为实证检验做出铺垫,以提高实证检验的有效性。

(3) 本书综合运用规范研究、实证检验、实地访谈和问卷调查等方法,对本书拟解决的关键问题进行环环相扣、相互补充、相互印证的研究与分析,增强了研究结果的信度和效度,在一定程度上弥补了现有研究主要通过大样本回归进行档案研究的局限性。通过实地访谈和问卷调查不仅可以为实证检验结果进行佐证,还可以为实证检验结果发现的问题进行解释。此外,通过实地访谈和问卷调查获得的直接证据可以为股权投资会计规则演变的合理性和有效性的评价提供新的史料证据。

(4) 探索性地提出股权投资会计规则的修订意见。结合本书的主要研究内容及结论,本书尝试利用合并报表和母公司报表的分工与协作对股权投资会计规则从分类、初始计量和后续计量三个方面提出修订意见。一方面,弥补现有文献关于股权投资会计规则修订方面研究的不足。另一方面,也可以为股权投资会计规则的进一步修订与完善提供参考意见。

总之,本书的研究有助于评价我国股权投资会计规则演变乃至企业会计规则整体演变的合理性与有效性,也为我国股权投资会计规则的进一步完善和有效实施提供了理论支持和经验证据,同时也为评价我国会计准则国际趋同的效果提供参考。

2 文献回顾与述评

本章主要围绕国内外股权投资会计的已有相关研究进行回顾与梳理，并对研究现状进行评述，一方面明确本书研究的重点和突出本书的研究贡献；另一方面，借助前人的已有研究成果更好地解决本书拟研究的关键问题，从而实现本书的研究目标。

2.1 权益法演变的相关研究与述评

已有文献主要对权益法运用情形的演变、权益法起始适用标准的演变，以及核算要点的演变进行了梳理。

2.1.1 权益法运用情形演变的相关研究

权益法在不同国家起始运用时间或目的存在不同，但追溯其最早的社会、经济环境尤其是公司组织情况，可以推断权益法源于公司并购和控股公司的出现，最初作为合并财务报表编制程序的替代品（Dickerson 和 Jones，1933）运用于对子公司投资的核算，实质上也是一种合并的方法（Carman，1932）。到了20世纪60年代，金融投资活动越发活跃，企业之间的参股或者交叉持股越发普遍，出现越来越多的未拥有控制权的股权投资，为了及时反映未被纳入合并报表的这部分投资的盈亏信息，权益法得以被采用（Driscoll，1971），从而权益法的适用范围由控股子公司扩大到了不拥有控制权的股权投资（Gunther，1971；Nobes，2002）。根据不同股权投资情况，权益法既被运用于母公司报表，也被运用于合并报表中。Nobes（2002）对国际范围内权益法的发展做了一个较为详细的梳理，认为权益法是由作为合并方法的一种替代演变成了如今的一种估值技术，历经了四种表现形式（见表2-1）。

由于本书在第3章中要以权益法的演变为主线，对股权投资会计规则的演变历程进行较为全面系统的梳理。故此，对 Nobes（2002）关于权益法四种运用情形的演变过程的相关研究进行详细的回顾和评述，以便借助前人的研究成果更好地实现本书的研究目标。以下较为详细阐述权益法这四种运用形式。

表 2-1   权益法的运用情形

	子公司	合营企业	联营企业
母公司报表	形式 I （如20世纪早期的英国和美国） 形式 II （如荷兰）	形式 II （如荷兰）	形式 II （如荷兰）
合并报表	形式 III （如美国未过半数表决权及境外经营的子公司）	形式 IV （如美国；欧盟公司法指令；IAS31中未使用比例合并时）	形式 IV （如美国和欧盟）

资料来源：NOBES C.An Analysis of the International Development of the Equity Method ［J］. Abacus，Feb.2002，Vol.38，No.1.

1.形式 I （proto-consolidation）阶段：合并报表尚未完全发展

19世纪末，《公司法》[①]开始允许公司以企业法人的形式持有其他公司的股票，控股公司因此出现。到了20世纪早期，出现越来越多的控股公司，但是当时合并报表在会计实践中尚未完全发展起来，为了充分反映母公司持有的子公司投资情况，权益法应运而生。在英国，最早使用权益法的目的是为了将子公司列入母公司报表中。1911年英国就有公司[②]以应计制为基础在其母公司报表中确认子公司实现的利润（Edwards和Webb，1984）。该方法在20世纪的前10年里的运用比合并报表更为普遍，一直延续到20年代，但到了30年代，不是被合并报表取代，就是不纳入合并范围（Bircher，1988）。1931年Royal mail案[③]后，英国越发重视会计稳健性，而权益法被认为确认了未实现收益，与当时的保守氛围不相符，加上格林委员会的改革法（Greene Committee on law reform）和1928年的公司法没有提供使用权益法的依据，所以该法变得不再那么流行了。

在美国，由于较少涉及法律问题和稳健性问题，20世纪早期较少采用权益法，更多是采用单纯的合并方法。但是随着资本市场的发展，一些公司不再完全百分之百持有控股公司的股权，出现了能够控制但不完全拥有的控股公司（Kester，1918）。一些公司开始在母公司报表中采用权益法核算这不完全拥有的股权，而且权益法被视为一种替代合并报表的合理方法。

---

① 如美国新泽西州1891年的公司法。
② 该公司为 Anglo Dutch Plantation of Java Ltd.
③ 参见 http：//en.wikipedia.org/wiki/Royal_Mail_Case。

2. 形式 II（Pseudo-consolidation）阶段：其他法律实体的出现

由于一些子公司以外的法律实体的出现，为了更好地反映对这些法律实体投资的经济实质，形式 II（Pseudo-consolidation）阶段的权益法继续被运用于母公司报表核算这些法律实体。美国会计原则委员会于1971年发布的第18号意见书第14段中规定在母公司报表中采用权益法。在荷兰，在母公司报表中运用权益法也已经有很长一段时间的实践基础了，早在1931年飞利浦公司（Philips）就在母公司报表中运用了权益法。在母公司报表中采用权益法核算对子公司以外的法律实体的投资，可以使得母公司权益与集团权益相同。基于此，该法被写入欧共体第4号指令（第59条框，后被第7号指令第45条框所修订）。随后，荷兰和欧共体其他成员国都通过立法规定在母公司报表上运用权益法核算法律实体的会计实践。在投资者财务报表中运用权益法的目的是为了在会计上反映该投资的商业实质而非法律形式，荷兰语中权益法还被视为与内在价值（intrinsieke waarde）等同的概念。

3. 形式 III（substitute-consolidation）阶段：未被纳入合并范围的子公司

由于母公司对一些子公司的控制是暂时的，或者虽然拥有子公司绝大部分股权但实际上并未能对其实施有效控制，或者子公司在境外经营，尤其是存在资金转移困难的，这些特殊的子公司由于缺乏实际控制而未被纳入合并范围，因此在合并报表中采用权益法进行核算，作为合并的一种替代方式。美国会计原则委员会在1971年发布的APB意见书第18号就要求在合并报表中采用权益法核算未被纳入合并范围的子公司，因此权益法被视为一种有用的替代合并的方法。基于会计师的国际研究组织（Accountants' International Study Group；AISG）1973年的研究报告，1976年的国际会计准则第3号（IAS3）也将采用权益法核算对与母公司业务性质迥异的子公司投资视为合并报表的一种替代方法。1978年的英国标准会计实务公告第14号（SSAP No.14）第23段和24段也要求在合并报表中采用权益法核算对缺乏有效控制子公司以及与母公司业务性质迥异子公司的投资。之后，1981年的公司法也进一步肯定了SSAP No.14的相关规定。

4. 形式 IV（semi-consolidation）阶段：非子公司投资

权益法在合并报表中的运用还体现在对非子公司的股权投资①的核算上。权益法的这一使用被视为一种估值技术。关于权益法作为一种估值技术对非子公司的投资在合并报表上进行反映是否合理引起了激烈的争论。但国际上关于

---

① 此处的对非子公司的股权投资主要是指对合营企业和联营企业的股权投资。

权益法使用的合理性的意见越发一致，致使1974年国际会计准则委员会发布的第三次征求意见稿、1976年国际会计准则第3号，以及欧盟第7号指令（1976年和1978年的草案、1983年的第33条款）要求在合并报表中采用权益法核算对联营企业的股权投资。此时，权益法进一步从合并报表的替代转化为了一种估值技术。

Nobes将在合并报表采用权益法对这部分股权投资进行核算的方式称为不完全合并（semi-consolidation）属于权益法运用的形式Ⅳ，且认为权益法这样的运用形式在本质上属于一种估值方法，但是相对于权益法运用的形式Ⅰ、Ⅱ和Ⅲ而言，权益法作为一种不完全合并或估值方法的理由不清晰。

Gordon和Morris（1996）采用Nobes（1991，1992a，1992b）提出的循环模型（cycle model）①阐述权益法会计在澳大利亚会计中的演变。在20世纪60年代，澳大利亚一些公司为了避免将经营状况不好的子公司纳入合并范围，通过出售部分股份而将对原子公司的持股比例降低至50%以下达到这一目的，而实际上这些公司对于原子公司仍然有控制权，澳大利亚一些公司的这一行为构成了循环模型中的第一个驱动要素。为了解决实务中这一问题，澳大利亚准则制定机构出台了一项新草案，建议将所有关联企业都纳入合并报表进行核算，且采用权益法对这些关联企业进行核算。反对者对这一项新草案的规定持反对意见的理由有三个：一是法律障碍；二是权益会计存在概念上的问题；三是澳大利亚会计研究基金会（AARF）和澳大利亚会计准则委员会（AASB）对权益法的态度。而支持者对这一项新草案的规定持支持意见的理由也有三个：一是合并子公司的相关规定存在缺陷；二是国家贸易的发展，以及会计准则趋同趋势；三是来自商业的压力。20世纪70年代开始，澳大利亚的商业集团就呼吁采用权益法对海外投资进行核算。

2.1.2　权益法"20%"起始适用标准传播过程的相关研究

在联营企业中的权益法运用形式Ⅱ和形式Ⅳ是其起始适用范围，但是在这一范围中其起始适用标准从定量标准（20%持股比例）演变成了定性标准，但是该20%的持股比例仍然可以作为判断权益法起始适用标准的参考。20%的表决权比例出现得较为偶然，英国会计准则指导委员会（Accounting Standards Steering Committee，ASSC）在1970年6月发布的第一份征求意见稿第7段中就提议对持

---

① Nobes（1991，1992a，1992b）是在研究英国1969年到1990年期间会计准则制定历史的基础上提出了准则发展演变的循环模型。这一循环模型主要由四方面内容进行驱动：（1）实务中出现对某一交易或事项采用多种不同的会计处理方法；（2）由于多样化的会计处理方法招来了各种争议；（3）反对准则进行标准化（standardization）核算力量的介入；（4）支持准则进行标准化核算力量的介入。Nobes将标准化界定为所有公司均采用同样的会计方法处理同一业务，从而减少会计政策的可选择性。Nobes进一步提出公司管理当局是反对准则标准化的主要力量，因为会计政策可选择的余地越大，越有利于管理层实现自身的利益；而准则制定者则是支持准则进行标准化的主要力量，因为准则制定者认为对准则进行同一规范可以减少财务报告的多样性，从而提高可比性。

股比例在20%以上的投资采用权益法，但该征求意见稿并未给出以20%持股比例作为权益法起始使用标准的任何解释，ASSC的档案资料也没有记录。同样，当时的会计师杂志虽然对权益法进行了评论但也没有涉及20%的持股比例（Titcomb，1970；Goch，1972）。另外，查阅英国税法和公司法的文件也没有找到权益法起始适用标准以20%持股比例作为界限的来源。可能的解释就是ASSC也许出于包容公司会计实务的惯例。因为当时企业出现了以不同持股比例作为权益法使用的最低界限，但是比较分析后得知20%的比例是当时实务中采用权益法的最低比例，如：Ropes公司在SSAP第一份征求意见稿发布之前，就在首次会计信息披露时在持股比例为20%时采用了权益法（Holmes，1970）。因此，1971年1月ASSC在发布的标准会计实务公告第1号中规定以20%的持股比例作为权益法起始适用的界限。

在美国，APB和SEC关于权益法起始适用标准存在争议。APB最初以10%的持股比例作为权益法起始适用标准，而SEC则坚持以25%的持股比例作为起始使用标准。在1970年3月APB的会议上，APB将其之前10%的持股比例调整为与SEC相同的持股比例（25%）。但是在1970年6月的会议上，APB发现英国当年发布的SSAP征求意见稿，建议采用20%的持股比例作为权益法的起始使用标准，为了与英国保持一致，APB在1971年3月发布APB意见书第18号规定当直接或间接持股达20%时采用权益法核算对联营企业的股权投资。

在此期间，虽然国际上其他一些国家[①]还使用过其他界限作为权益法起始使用标准。但英国和美国在会计实务上的优势（Diggle和Nobes，1994），使得欧共体理事会在其最初的公司法指令（1976年草案第1（2）条款）中就规定按20%的持股比例作为权益法使用的起始标准，1978年7月发布的第4号指令和1983年6月发布的第7号指令都延续了之前的规定，即以20%的持股比例作为使用权益法的最低界限。20%的持股比例界限从此被强制写入了欧盟大多数国家的法律中。

由于英国ASSC、美国APB、欧洲经济共同体对权益法使用最低界限20%持股比例的认可，该标准毫无悬念地被引入了IASC在1976年6月发布的国际会计准则第3号《合并财务报表》中，之后又被1989年4月IASC发布的国际会计准则第27号《合并财务报表和个别财务报表》和第28号《对联营企业投资的会计处理》所延续。从此，权益法使用的国际惯例就应运而生了。

2.1.3　权益法核算要点演变的相关研究

权益法，通常被认为是一种为了反映股权投资的账面价值随被投资企业所有

---

① 如荷兰从1965年起，就是采用了25%的比例作为权益法使用界限，法国从1968年开始使用33.3%的比例。

者权益变化而变化的会计方法，且存在多种表现形式（Ma et al.，1991）。"权益法"这一词汇最早出现在 20 世纪早期的为编制合并资产负债表的文件中，随后出现在投资企业报表编制文件中（Noble et al.，1941；Finney 和 Miller，1952）。另外，在一些文献中还将一些概念视同为"权益法"，如："账面价值"（book value）（Moonitz，1944）、"会计的经济基础"（"economic basis" of accounting）（Finney，1946）和"账面价值变动基础"（book value change basis）（Moonitz 和 Staehling，1950）。权益法这一个概念在法语和荷兰语中有不同的意思。在法语中，"权益法"是指使得母公司报表中所有者权益等于合并报表中归属于母公司股东权益的方法；在荷兰语中，权益法是指股权投资的内在价值（intrinsic value）。其他语种关于权益法的定义均来自美国。

已有文献根据权益法的作用机理及其在核算股权投资时被使用的程度不同，做了进一步的分类。Chasteen（2002）将权益法分为三类：简单权益法（the "simple" equity method）、不完全权益法（the "partial" equity method）、完全权益法（the "full" or "complete" equity method）。林钟高（1996）将权益法划分为简单权益法和复杂权益法。杜兴强（2007）在林钟高（1996）的基础上进一步考虑了集团内部的未实现损益，对权益法进行了重新分类，将既进行了股权投资差额摊销，又对集团内部未实现的权益进行抵消的权益法称为完全权益法。

也有文献根据权益法的目标不同，对其做了进一步分类。毛新述和戴德明（2010）将权益法划分为目标一和目标二。其中，目标一是根据权益法的一般定义推断出。最初使用权益法的目的是为了使得股权投资账户的账面价值等于应享有的被投资单位所有者权益份额，且将该目标简称为"目标一"。目标二是根据参照完全合并法推断出的。毛新述和戴德明同时还指出，在会计处理上需要对股权投资差额进行摊销和减值，或者在确认投资收益时进行处理，或者在被投资单位确认，才能够实现权益法的目标一。进一步地，需要抵消投资单位和被投资单位之间内部交易的未实现损益，才能够实现目标二。

从会计处理上考虑，林钟高（1996）认定的复杂权益法、Chasteen（2002）认定的不完全权益法，以及杜兴强（2007）认定的不完全权益法与毛新述和戴德明（2010）认定的实现目标一的权益法在本质上是一致的，而 Chasteen（2002）认定的完全权益法和杜兴强（2007）认定的完全权益法与毛新述和戴德明（2010）认定的实现目标二的权益法则一致。不管作何称谓，权益法从简单权益法演变到了复杂权益法。这两种权益法下投资企业投资账户反映的内容如下所示：

（1）简单权益法：投资账户账面价值=取得投资时的投资成本+享有被投资

企业净损益的份额–分到的股利[①]±股权投资差额[②]的摊销金额；

（2）复杂权益法：投资账户账面价值=取得投资时的投资成本+享有被投资企业净损益的份额–分到的股利±股权投资差额的摊销金额±内部交易中的未实现损益。

进一步的，简单权益法和复杂权益法的核算要点可以详见表2-2。

表2-2   **权益法分类及核算要点的演变**

权益法	核算要点
简单权益法	（1）取得投资时，通常以初始投资成本入账 （2）被投资企业实现净损益时，按照持股比例计算投资企业应享有的份额，确认为投资收益，并调整股权投资账户的账面价值 （3）分配股利时，如果分配现金股利，则需要调减股权投资账户的账面价值；如果分配股票股利，则不需要进行会计处理，只需在除权日在备查簿中做登记 （4）对股权投资差额进行会计处理
复杂权益法	除了（1）、（2）、（3）和（4）外，还要对投资企业与被投资企业之间未实现的内部交易损益进行抵消

资料来源：作者根据相关资料整理而来。

2.1.4   相关研究的述评

对权益法演变的相关文献进行梳理得知，现有研究较多是从权益法运用情形、权益法"20%"起始适用标准传播过程，以及核算要点的变化对权益法的演变进行梳理和阐述。股权投资会计规则主要涉及股权投资的分类、初始计量和后续计量，而股权投资的分类和会计方法经历了多次的演变，尤其是股权投资会计方法。但是目前只有一些学者（Nobes，2002）对权益法的发展做了相对较为全面的梳理，而对股权投资会计其他方法的演变，以及股权投资的分类演变则少有研究，而且忽略了对股权投资的分类和会计方法演变原因及理论基础的分析。现有对股权投资会计规则演变的研究，缺乏全面系统的梳理，对股权投资会计规则演变的理论根源重视不够。此外，相对而言，我国关于权益法在会计中的发展与演变的研究也较为少见，更别说对股权投资会计规则的演变历程进行全面、深入和系统的梳理，对其演变的理论根源的剖析则更是鲜有涉猎。

[①]   如果被投资企业进行股利分配，则会减少其所有者权益，所以要根据分配的股利调减投资账户的价值。

[②]   股权投资差额是指，在取得投资时，投资企业投资成本与被投资企业净资产账面价值之间的差额。通常认为，形成股权投资差额，是由于高估或者低估了被投资企业的资产和负债，只有对股权投资差额进行摊销才能把被投资企业实现的净损益调整为基于资产和负债公允价值计量的净损益，才能使得投资账户账面价值等于享有被投资企业所有者权益的份额。

鉴于此，对股权投资会计规则演变进行系统全面梳理，并深入剖析其演变的理论根源是本书的研究重点之一。本书拟在系统全面梳理股权投资会计规则演变的基础上，试图深入剖析股权投资会计规则演变的理论依据和逻辑基础，从而为评价股权投资会计规则的合理性和股权投资会计信息的有用性提供一个理论依据。

2.2 股权投资会计方法争论的相关研究与述评

股权投资存在成本法、权益法、公允价值法这三大类。其中，公允价值法又进一步分为两类：一是公允价值变动计入损益的公允价值法，简称为公允价值法（计入损益）；二是公允价值变动直接计入权益的公允价值法，简称为公允价值法（计入权益）。成本法和权益法被运用于对长期股权投资的核算，而公允价值法（计入损益）和公允价值法（计入权益）则分别被用于对交易性金融资产和可供出售金融资产的核算。因此，已有研究主要是对成本法和权益法，以及这两种不同公允价值法进行比较分析。

2.2.1 关于权益法与成本法的争论

国内外已有研究关于成本法和权益法优劣的争论从未停息过，众多学者从不同角度出发阐述了成本法和权益法各自的优缺点。

（1）权益法的优缺点。权益法是一个颇具争议的会计处理方法：

①有学者认为权益法更能反映股权投资的经济实质。Moonitz（1944）认为权益法的优点主要体现在权益法能够恰当核算投资企业股权投资的价值，因为股权投资的价值由被投资企业的财富决定，而权益法下能够根据被投资企业所有者权益变动调整股权投资的账面价值。Edwards 和 Webb（1984）从会计确认的稳健性原则角度认为权益法比成本法更优，因为权益法确认了被投资企业发生的亏损。Fisch 和 Mellman（1969）也认为权益法下确认的投资收益符合收益确认的权责发生制原则，更为恰当。

②相对于权益法优点的评价，已有研究更多的是指出了权益法的缺点。权益法存在理论上的缺陷。周华等（2011）在 Rosenfield 和 Rubin（1985）、Nobes（2002）和 Graham et al.（2003）等学者的研究基础上进一步指出了权益法缺乏合理的理论依据，从而可能带来一系列的潜在危害。周华等认为权益法混淆了法律主体之间权利与义务的界限，将不属于投资企业享受或承担的被投资企业的资产和负债计入投资企业的报表中，这一缺陷在 Rosenfield 和 Rubin（1985）的研究中也被提及。权益法作为缺乏合理理论依据合并报表的简化方式，同样也缺乏理论依据，而且将被投资企业的净资产和净利润纳入投资企业的财务报表信息既不

能用于纳税申报也不能用于利润分配，所以没有意义（Kohler 和 Scovill，1938）。另外，权益法下根据应享有被投资企业净损益的变动份额调整股权投资的账面价值不符合现行会计概念框架下资产的定义，周晓苏（1996）也认为这一会计处理方法与会计概念框架存在一定的冲突。除非被投资企业将这部分"增加额"以现金股利的形式发放给投资企业，否则投资企业无法控制或动用，更别谈真正拥有。

③正因为存在如此诸多的理论缺陷，权益法被视为一种投资企业管理层最大化投资企业报告利润的方法。Walker（1978）认为权益法有可能被投资企业管理层用来进行调增利润的盈余管理，从而不如成本法在实际收到现金股利时确认投资收益稳健，Sykes（1988、1994）、Bosch（1990）和 Walker（1990）进一步以澳大利亚企业作为研究样本也发现企业采用权益法的主要目的是创造性地提高企业盈余。相对于国外研究学者从实证的角度检验权益法的利润操作可能，国内学者主要从理论阐述角度论证权益法的盈余管理可能，周华等（2011）认为权益法的适用与否取决于投资企业管理层的意图和判断，从而提供了管理当局操纵报表数据的空间。

④权益法在应用上存在技术缺陷，给股权投资会计带来了一系列难题，如权益法下需要对被投资企业的净利润进行调整，从而使得股权投资会计工作变得复杂且繁琐，加大了工作量；存在交叉持股或多层持股情况下，加大了各持股方相互之间赖以分配的净利润基数的确认难度，以及容易导致各持股方报告时间陷入循环困境，这一缺陷也在林钟高（1996）的研究中被提及。虽然，目前采用交互分配法能够确认交叉持股情况下各投资方的投资收益，但林钢（2013）认为交互分配法也无法客观计算各投资方的投资收益，也认为交叉持股情形会给投资企业虚增利润提供了可能和空间。另外，权益法的可验证性差，从而导致可审计性也不强（Nobes，2002；周华等，2011）。

（2）成本法的优缺点。周华等（2011）认为成本法具有操作简单等优点。但也有学者指出，成本法由于没有确认被投资企业的净利润损失给投资企业带来的影响，而不如权益法更能体现谨慎性原则（Edwards 和 Webb，1984）。成本法下，母公司个别财务报表中不反映被投资企业净资产的减少，也不披露被投资企业净资产变动对投资企业资产结构的影响，因此也不够稳健。另外，Moonitz（1944）认为成本法只有在被投资企业股利分配不确定时才有意义，导致成本法的作用十分有限。徐志翰（2007）认为20世纪末股权投资活动越发复杂，在企业经营活动中也越发重要，如果仍然采用成本法则会带来许多弊端：①采用成本法核算股权投资有悖于公平保护投资者利益的精神，因为在会计上认为将股东按照对被投资企业持股比例的大小分成不同的投资者，从而选择将持股比例最强和最弱的股权投资采用成本法在个别财务报表中进行反映，而对持股比例处于中间部分的股权投资则采用权益法进行反映，加上成本法和权益法是两种本质完全不同的会计处理方法，处理出来的会计结果大相径庭，在会计上冲破了企业所有普通股股东"同股同权"这一原则。②成本法在会计原理方面存在不足，按照 Paton 和 Litteton（1940）关于资产的定义可知，成本法下以历史成本为基础反映股权投资的价值是按"成本观"定义的资产。然而，股权投资中的长期股权投资不是以短期获利为目的，所以成本法下核算的股权投资无法体现其实质含义，另外，成本法以现金制确认股权投资收益与目前通行的权责发生制不一致。③成本法下不对投资企业股权投资账面价值按照被投资企业经营情况进行调整，从而导致股权投资账面价值与内在价值（intrinsic value）提供的股权投资会计信息的相关性较低。另外，由于成本法下股权投资收益只有在收到现金股利时才确认，而现金股利通常是以被投资单位以前年度实现的利润为基础进行派发，所以成本法下确认的投资收益只是反映了股票派发情况，不利于预测股权投资未来的收益情况，所以相关性很差。

从以上关于权益法和成本法优劣情况的分析，可知已有文献关于这两种方法的争论主要体现在以下几个方面：①在会计处理技术上，权益法较为复杂繁琐（林钟高，1996；周华等，2011；林钢，2013），而成本法相对简单直观（周华等，2011）。②在会计理论方面，权益法的理论基础较差，相对而言，成本法的理论较为成熟。③在会计确认谨慎性原则上，一些学者认为成本法不会高估投资企业的利润而较为稳健（周华等，2011；Walker，1978），但一些学者也认为成本法不如权益法稳健，因为成本法没有确认被投资企业发生的损失而权益法既确认被投资企业实现的盈利，也反映被投资企业发生的亏损（Edwards 和 Webb，1984）。另外，权益法容易被用于最大化投资企业会计利润（Walker，1978、1990；Sykes，1988、1994；Bosch，1990；周华等，2011）。④在会计信息质量上，成本法下提供的会计信息相关性较差，权益法下提供的会计信息则较为相关；而且存在成本法和权益法的可选择性，所以导致会计信息的可比性也很差（徐志翰，2007）。

2.2.2　关于公允价值法的争论

公允价值法是指股权投资的初始计量和后续计量均采用公允价值进行计量，但是对其持有期间公允价值变动的处理方式不同，进一步将公允价值法划分为两种：一是将公允价值变动计入当期损益的公允价值法，简称为公允价值法（计入损益）；二是将公允价值变动计入权益的公允价值法，简称为公允价值法（计入权益）。对于交易性金融资产的会计核算采用公允价值法（计入损益），对于可供出售金融资产的会计核算则采用公允价值法（计入权益）。

相对于成本法和权益法经久不息的争论，公允价值理念下的这两种公允价值法的争论则少很多。由于这两种公允价值法都是基于市价理论下的会计方法，所以二者所依据的基本理论相同，理论上或技术上的缺陷也基本一致。另外，有学者研究认为这两种方法是美国财务会计准则委员会（FASB）所采用的一种折中的方法（周华，2011）。受到储贷危机的影响，以 Breeden[1] 所代表的证监会要求 FASB 在会计准则中贯彻公允价值理念，用公允价值[2]（即市价行情）反映金融工具的真实经济价值，并及时充分揭示金融工具的风险。然而，以格林斯潘[3]为代表的银行家们则不愿意采用盯视会计，认为盯视会计提供的信息不如历史成本会计信息稳健。为了调和以布里登为代表的证监会与格林斯潘为代表的银行监管机构之间的冲突，FASB 在 1992 年发布的会计准则征求意见稿第 115 号和 1993 年发布的 SFAC 第 115 号中提出了一个可供选择的方案，即可以根据管理层意图将金融工具划分为交易性金融资产和可供出售金融资产，分别满足了证监会和银监会的偏好。

由于会计规则对于交易性金融资产和可供出售金融资产持有期间的公允价值变动处置的方法不一样，从而对投资企业的财务报表影响也不一样。相对于交易性金融资产而言，已有研究认为可供出售金融资产具有"蓄水池"的作用（叶建芳等，2009）。当企业预期其未来期间业绩情况良好时，则继续持有可供出售金融，将公允价值变动"储存"在权益里，一旦有需要的时候，即企业经营业绩不太如人意时，为了"美化"报告业绩，投资企业可能将可供出售金融资产出售，则可以把"储存"在资产负债表中的公允价值变动转移到利润表中，形成"利润堰塞湖"效应（如图 2-1 所示）。

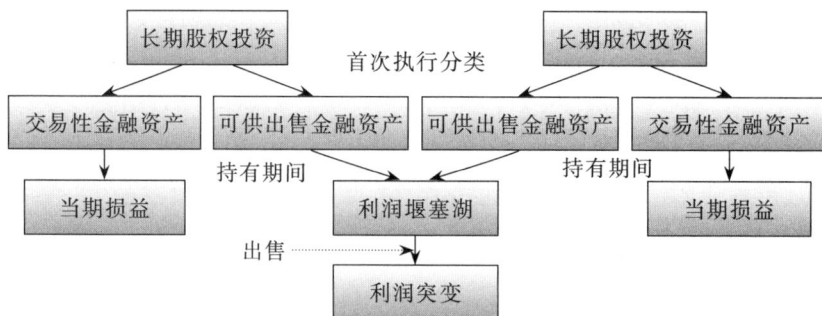

图 2-1　公允价值法的"利润堰塞湖"效应图

图表来源：作者根据相关资料整理而来。

由于已有研究对于公允价值法（计入损益）和公允价值法（计入权益）这两种公允价值法的认识较为一致，大多学者研究认为核算可供出售金融资产的公允价值法（计入权益）是企业会计业绩的"蓄水池"，可以在需要的时候用来扭亏

---

① Richard C. Breeden 是美国证监会的前主席，是公允价值的倡导者。
② 此处是指将金融工具持有期间公允价值变动计入当期损益的公允价值法。
③ 格林斯潘是美国当时的美联储主席，其偏好历史成本会计。

为盈或者平滑利润。加上也有学者认为将公允价值变动计入权益的公允价值法（可供出售金融资产）是一种令人费解的，没有合理逻辑的一种会计方法（周华，2011）。因此，相对于成本法和权益法的争论，已有研究对于两种公允价值法的争论极少。

2.2.3　相关研究的述评

已有研究较少对股权投资会计规则从理论根源上做出全面系统的理论评价，大多已有研究主要针对股权投资会计方法，尤其是成本法和权益法的优劣进行简单的比较，尚未深入系统分析股权投资会计方法的理论依据，以及逻辑基础是否坚实。鉴于此，本书尝试从财务报告概念框架视角去评价股权投资会计方法在理论上的合理性和有效性。另外，对于股权投资会计的分类标准，已有研究也是简单介绍其给企业管理当局带来盈余管理的可能，对于分类标准的合理性和可操作性则较少关注。但分类标准决定了股权投资会计的分类，从而进一步决定了股权投资会计的处理方法，最后会对企业的财务情况产生大相径庭的结果，所以分类标准是前提。

鉴于此，本书还试图从股权投资会计的分类、初始计量和后续计量这三个方面进一步全面系统地对股权投资会计规则的合理性和有效性进行理论推导和演绎分析，从而有助于解释现行股权投资会计规则的现状和执行过程中的混乱现象，并预测股权投资会计信息的有用性，进一步为实证研究作理论铺垫。

2.3　股权投资会计方法经济后果的相关研究与述评

会计准则具有经济后果性（Zeff，1978），股权投资会计规则也不例外。由于股权投资会计规则规定对长期股权投资可以根据投资企业对被投资企业影响程度不同而采用成本法或权益法进行核算；而对于金融资产则可以按照管理层意图选择采用将公允价值变动计入当期损益的公允价值法（交易性金融资产）或者将公允价值变动计入权益的公允价值法（可供出售金融资产），而这四种股权投资会计处理方法对于企业财务情况影响不同，尤其是对盈余影响有较大的差异，所以企业管理层有动机选择有利于自身需要的股权投资会计方法。

2.3.1　股权投资会计方法经济后果的相关研究

股权投资会计中成本法和权益法下各自生成的企业会计业绩大不相同，同时这两种方法的适用范围也不同，那么在这两种方法可供选择的情况下，是否会影响企业管理层的行为呢？对于此问题，Comiskey 和 Mulford（1986）在 Jensen 和 Meckling（1976）的研究基础上做了更为深入细致的研究，研究发现权益法的适用范围会影响企业的投资决策。进一步比较分析被投资企业持有的股权比例在 19%~19.99% 范围内的被投资企业和持股比例在 20%~20.99% 范围内的被投资企业的财务状况后，发现被持股比例稍低于 20% 的被投资企业相对于被持股比例稍高于 20% 的被投资企业更可能出现亏损，从而表明将 20% 的持股比例作为权益法起始适用标准能够影响企业的投资决策，一定程度上也说明了美国会计原则委员会（APB）在 1971 年发布的第 18 号意见书中关于权益法起始适用的"明线"（bright-line threshold）存在经济后果性。另外，Barefield 和 Comiskey（1972）对非合并子公司股权投资会计方法选择是否存在利润平滑动机进行研究发现，虽然在某些情况下，不管采用成本法还是权益法核算股权投资，都能平滑利润，但是采用权益法时，公司能实现的盈余增长性更高，所以在样本研究区间更多的企业选择采用权益法对非合并子公司进行核算。

金融资产可以按照管理层持有意图划分为交易性金融资产和可供出售金融资产，从而分别采用将公允价值变动计入当期损益的公允价值法和将公允价值变动计入权益的公允价值法，从而对财务报表信息产生不同的影响，那么股权投资会计的这一规定是否也会对企业的行为产生影响呢？叶建芳等（2009）认为按照管理层意图将金融资产进行分类，并采用不同的会计处理方法，给企业带来了盈余管理的空间。进一步研究发现，企业在对金融资产进行初始分类时，更倾向于将分类模糊的金融资产划分为可供出售金融资产，以供未来期间调整企业的会计利润。

2.3.2　股权投资会计选择影响因素的相关研究

已有研究表明企业偏好选择权益法和公允价值法（计入权益），那么什么因素会影响企业对股权投资会计方法的选择呢？已有文献进行相关研究。

关于权益法采用与否的影响因素，已有文献主要从以下几个角度进行了实证检验：（1）投资企业在联营企业董事会中的代表性（Gniewosz，1980）；（2）权益法会计是否有助于投资企业的偿债能力（Wilkins 和 Zimmer，1985）；（3）权益法会计的价值相关性（Ricks 和 Hughes，1985；Tutticci，2002；Graham et al.，2003）；（4）权益会计的风险相关性（Kothavala，2003；Morris 和 Gordon，2006）和预测能力（Graham et al.，2003）；（5）权益法会计能否揭示资产负债表外的债务信息（Bauman，2003）。Mazay et al.（1993）通过对影响澳大利亚关联企业之间股权投资会计方法选择的因素进行研究发现，股权投资的重要性、是否存在担保关系与权益法的采用存在正向关系；而股权投资占被投资企业股东权益的比重、关联企业的数量与权益法的采用则不相关。1984 年澳大利亚发布新投资会计准则，禁止在财务报表中采用权益法核算对关联企业的股权投资，而是采用补充权益法进行披露。Mazay et al.（1993）进一步对1984年澳大利亚关联企业投资会计方法的使用情况进行研究发现，新投资准则生效后依旧有63.5%比例的关联企业采用权益法对关联企业投资进行核算。Mazay et al.（1993）的研究发现与之前其他学者（Rogers，1985；Coombe，1985）的调查发现一致，一定程度上表明了股权投资会计选择支持了契约有效理论而非机会主义。

关于将股权投资划分为可供出售金融资产的影响因素，也有学者进行了研究。孙蔓莉等（2010）以2007年持有交易性金融资产和可供出售金融资产的上市公司为研究样本检验"管理层意图"是否是金融资产划分的唯一标准，研究发现，企业既不是按照"管理层意图"，也不是按照"是否近期出售"为标准对金融资产进行会计分类，而是根据金融资产占企业资产总额的比重作为划分的标准，如果金融资产在企业资产总额中的比重越大，企业越可能人为地将金融资产划分为可供出售金融资产。徐先知等（2010）研究发现，如果企业的报酬契约与会计业绩相挂钩的话，那么企业倾向于将金融资产划分为交易性金融资产，该发现得到张金若等（2011）一定程度上的佐证。

从已有研究可以发现管理层的某种特定目的是影响股权投资会计选择的本质因素，Vallely et al.（1997）也指出大多数文献也都在检验管理层的目的是否影响股权投资会计的选择。

2.3.3 相关研究的述评

已有研究主要从股权投资会计方法的可选择性角度阐述股权投资会计规则给企业管理当局带来盈余管理机会的可能，但较少从股权投资的分类角度去分析股权投资会计规则给企业管理当局提供的会计处理弹性。实际上，股权投资的分类是股权投资后续计量的前提，所以股权投资分类存在的缺陷也会影响股权投资会计方法。而且，现行股权投资的分类较为混乱，分类标准的可判断性不强，导致实务执行过程中的争论和混乱现象时有发生，面对如此局面，更迫切需要进行相应的研究与分析。此外，我国会计准则规定按照股权投资取得的方式不同分别采取不同的计量基础（如历史成本和公允价值）对股权投资的投资成本进行计价。这一规定存在缺陷，也会给企业带来盈余操纵的空间，但却鲜有文献对这一问题进行研究和分析。

鉴于此，本书对股权投资的分类、初始计量和后续计量的相关规定分别进行理论评价以及演绎分析，在此基础上还通过实证检验股权投资的分类和会计方法存在的缺陷，以及可能给企业管理当局带来的盈余管理机会和空间，并从股权投资会计规则执行的角度去评价股权投资会计规则的缺陷，即通过实地访谈和问卷调查的方法，了解和掌握实务界专业人士对股权投资的分类和会计方法的相关规定的认识与评价，借以为评价股权投资会计规则演变是否提高股权投资会计信息有用性，提供理论依据和实践证据。

2.4　股权投资会计信息含量的相关研究与述评

已有研究认为不同股权投资会计方法下的会计信息的有用性是存在差异的（Graham et al.，2003）。已有大多研究是通过对股权投资会计方法其中的两种会计处理方法下会计信息有用性进行比较研究，尤其是围绕权益法与其他方法的比较分析，但并未取得完全一致的结论。Kohler（1938）则认为"母公司报表中核算的子公司的应计利润（或损失）信息没有实际效用"。

2.4.1　权益法下股权投资会计信息含量的相关研究

关于权益法下生成的会计信息是否具有信息含量（或有用），已有研究已经从不同角度进行了检验，但是并未得出一致的结论。

（1）有学者认为权益法下生成的信息经济意义有限（Kohler，1938；Davis 和 Largay，1999）。Kohler（1938）则认为"母公司报表中核算的子公司的应计利润（或损失）信息没有实际效用"，采用权益法得出的"价值"信息似乎没有任何的经济意义。Davis 和 Largay（1999）发现"没有实质性理由继续运用权益法，主要由于权益法本质上只提供有限的信息特征"。

（2）有学者认为权益法下生成的会计信息具有信息含量。Ricks 和 Hughs（1985）研究发现市场对于美国企业首次发表利用权益法编制的报表有正相关的反应。进一步研究发现，这种市场反应与公司权益投资的数额，以及以前对投资收益的低估有着正相关的关系。Ricks 和 Hughs（1985）的研究表明权益法为市场提供了以前没有说明的收益来源信息，因此具有信息含量。Mazay et al.（1993）指出当一个公司对联营企业的投资占自身比例比较高时，权益法有助于控制管理层的行为。因为如果不采用权益法，管理层就能通过影响联营企业的股利政策或通过与联营企业的交易来操纵利润。Czernkowski 和 Loftus（1997）以1983—1990年间的澳大利亚企业作为研究对象，也发现权益法能够提供有用的信息，尤其是以成本为基础的信息也可获取时。

（3）已有研究从与比例合并法相比较的角度分析权益法的信息含量，但关于权益法和比例合并法下生成的信息有用性研究的结论并未取得一致。（1）在提供会计信息预测能力和相关性方面，权益法下生成的会计信息的有用性不如比例合并法。Graham et al.（2001）比较分析比例合并法和权益法后，发现相较于权益法下生成的财务报表信息，比例合并法下生成的财务报表信息对未来回报预测更有用，Graham et al.（2003）对加拿大的样本公司进行研究发现，比例合并法比权益法下生成更为有助于盈余预测的财务报表信息。（2）在债券评级方面或风险揭示方面存在不一致。已有一些研究表明比例合并法生成的信息不如权益法与企业债券评级相关（Kothavala，2003；Dieter和Wyatt，1978；Bierman，1992）。Kothavala（2003）对加拿大企业进行研究发现，相对于权益法而言，比例合并法下生成的财务报表信息与企业债券评级的相关性却不及权益法下生成的财务报表信息，该研究发现与Dieter和Wyatt（1978）和Bierman（1992）的研究一致。但是Bauman（2007）的研究结论与Kothavala（2003）、Dieter和Wyatt（1978），以及Bierman（1992）的研究结论相反。Bauman（2007）从财务分析角度对比例合并法和权益法下生成的财务报表信息在美国制造业企业中债券评级中的作用进行研究，可知比例合并法比权益法下生成的财务报表信息与债券评级的相关性更强。

2.4.2　成本法下股权投资会计信息含量的相关研究

关于成本法下生成的会计信息含量的研究并不多，已有研究主要从与权益法或公允价值法比较的角度分析成本法下的信息含量，但是均认为成本法下生成的信息含量较低。Michl和Weygandt（1971）检验了非全资子公司采用公允价值法和成本法下生成的会计信息是否存在显著差异，发现对于持股比例低于20%的股权投资采用公允价值法时，提供的股权投资会计信息比采用成本法核算生成的信息对投资和被投资者更为相关。Czernkowski和Loftus（1997）比较研究1983年至1990年澳大利亚企业股权投资成本法和权益法信息含量，发现相对于成本法而言，权益法下生成的会计信息具有增量信息含量。

2.4.3　公允价值法下股权投资会计信息含量的相关研究

已有研究认为股权投资会计的公允价值法生成的会计信息具有价值相关性。美国会计原则委员会（APB）在1971年发布的第18号意见书中就是否已经采用公允价值法（fair-value method）核算股权投资做了讨论，由于当时对公允价值法的研究还不够成熟，所以这一方法在当时未被运用。到了20世纪90年代，金融工具发展越发活跃，会计准则制定机构开始倾向于采用市场价值法（公允价值法）对金融资产进行核算，如1997年国际会计准则委员（IASC）就提出公允价值可能更具有价值相关性。Graham和Lefanowicz（1999）研究发现投资企业和被投资企业的证券投资收益与被投资企业的盈余和股利分配宣告存在显著的正向关系，这一发现表明被投资企业市场价值变化对投资企业具有价值评估作用，也间接证明市场价值法也许是核算权益法股权投资（equity method investments）的恰当方法。Barth（1994）、Petroni et al.（1995）对采用公允价值计量核算权益证券企业的股价进行研究发现，出于一般投资目的持有权益证券的金融机构采用公允价值进行计量具有价值相关性。大多研究对金融工具公允价值披露的价值相关性的调查重点放在银行企业（Ahmed 和 Takeda，1995；Barth，1994；Barth et al.，1996；Eccher et al.，1996；Nelson，1996；Venkatachalam，1996），如 Linsmeier et al.（1997）的研究就表明金融工具的公允价值与股票价格存在相关性。已有研究结论与大多金融工具的公允价值被运用于企业价值评估决策的观点一致。

另外，已有研究发现公允价值信息披露具有增量信息含量。Graham et al.（2003）研究发现采用权益法核算的股权投资同时额外披露公允价值信息，能够为投资企业的股票价格和股票收益提供增量解释力，一定程度上表明公允价值信息披露具有增量信息含量。但是徐志翰（2007）通过对 2005 年我国制造业企业股权投资情况进行检验分析发现，采用公允价值对股权投资进行计价并没有产生信息增量，同时也在文中提到关于研究假设不显著并不能完全否定股权投资公允价值计量的具有信息增量的假设。

2.4.4 相关研究的述评

已有对股权投资会计信息含量（或有用性）的相关研究，大多孤立地或者基于两种股权投资会计方法比较的角度，评价某一种方法下生成信息的预测能力，以及和股票价格之间的关系。已有相关研究较少从财务报告概念框架和新旧股权投资会计信息比较这两个视角，对现行会计规则下股权投资会计信息的有用性进行评价。另外，在方法论上，已有研究大多是通过大样本回归这样的档案研究法去检验各种会计方法下股权投资会计信息的信息含量，较少通过实地访谈或问卷调查等方法直接获取股权投资会计信息有用性的资料和证据。然而，由于实证检验的固有局限性，需要其他方法进行佐证或补充，才能提高检验结果的信度和效度。

鉴于此，本书在实证检验股权投资会计信息有用性的基础上，再采用实地访谈和问卷调查两种方法进行佐证，即评价按照现行股权投资规则生成的会计信息是否达到了股权投资会计规则演变的预期目标，并利用实地访谈和问卷调查研究方法为实证检验发现的问题做出解释。

3 股权投资会计规则的演变与理论分析

为了解决本书拟研究的关键问题，首先需要回答股权投资会计规则为什么要演变；其次，需要根据股权投资会计规则演变的理论依据对现行股权投资会计规则及其执行情况进行理论分析，进而对股权投资会计信息有用性进行评价。鉴于此，本章首先对国际范围内股权投资会计规则的演变进行梳理，再从股权投资的分类、初始计量和后续计量三个方面详细梳理我国股权投资会计规则的演变，并对比分析现阶段我国股权投资会计规则与国际财务报告准则的异同，然后从理论上寻找股权投资会计规则演变的根源，进而为评价股权投资会计规则的合理性和股权投资会计信息的有用性提供一个理论依据。其次，根据股权投资会计规则演变的理论根源，从股权投资的分类、初始计量到后续计量对我国现行股权投资会计规则存在的一些不足进行理论推导。最后，根据模拟演绎分析法分析我国现行股权投资会计规则存在的不足，给企业通过股权投资会计方法转换调节利润的机会和可能，从而初步推断出股权投资会计规则的演变没有提高股权投资会计信息的有用性。

3.1　股权投资会计规则的演变及其理论根源

回顾股权投资会计规则的演变历程，可以发现，成本法是一种传统的股权投资会计处理方法，而公允价值法出现时间较晚，直到 20 世纪 90 年代后由于金融工具的快速发展才被运用于股权投资会计，因此要了解股权投资会计规则的演变，主要梳理权益法在股权投资会计规则中的演变历程即可。

3.1.1　基于权益法的发展看国际范围内股权投资会计规则的演变

在会计实践过程中，权益法既被运用于母公司个别报表又被运用于合并报表，用于核算不同类型的股权投资。权益法在股权投资会计中的运用历经了一段较长时间的演变，而且在会计准则国际趋同之前，各个国家、地区或者经济组织在股权投资会计中运用权益法的情况也不尽相同。表 3-1 列示了一些国家或者经济组织的股权投资会计规则中权益法的使用情况及演变历程。

33

表 3-1 权益法在股权投资会计规则中的适用情况及演变历程

国家/地区	时间	会计规则	权益法在母公司报表（或个别报表）中的适用情况	权益法在合并报表中的适用情况
英国	1970	ASSC 征求第 1 次意见稿	法律或会计准则禁止采用权益法核算对子公司的投资	建议采用权益法核算对合营/联营企业投资
	1971	SSAP 第 1 号		要求采用权益法核算对合营/联营企业的股权投资
	1978	SSAP 第 14 号（第 23、24 段）		采用权益法核算对未纳入合并范围的子公司股权
	1992	FRS 2（第 25c 段、第 30 段）		采用权益法核算对未纳入合并范围的子公司股权
	2004	修订后的 FRS 第 2 号		删除 FRS 2 第 25c 段、第 30 段中关于权益法的相关规定
	2009	再次修订的 FRS 第 2 号		与 2004 年修订后的 FRS 第 2 号相关规定相同
美国	1959	ARB 第 51 号	N/A	支持采用权益法核算未纳入合并报表的对子公司投资，或以成本法核算且辅以附注披露
	1971	APB 意见书第 18 号（第 1 段、第 14 段、第 17 段）	采用权益法核算对子公司、合营企业和联营企业投资	采用权益法核算对未纳入合并范围的子公司投资
	1987	SFAS 94（第 15 段）	取消 APB 意见书第 18 号关于权益法的运用	取消 APB 意见书第 18 号关于采用权益法核算未纳入合并报表子公司投资的规定
欧共体（1994 年以前）/欧盟	1978	第 4 号指令（第 59 款，后被第 7 号指令第 45 款修订）	可选择使用成本法或权益法核算对子公司投资、对合营/联营企业的股权投资	N/A
	1976、1978、1983	第 7 号指令（1976 年、1978 年草案、1983 年第 33 款）	N/A	采用权益法核算对未纳入合并范围的子公司、合营/联营的股权投资
	2003	修订后第 4 号指令、第 7 号指令	与国际会计准则趋同	与国际会计准则趋同
IASC（2001 年以前）/IASB	1974	IASC 的 E3 征求意见稿（第 31 段）	N/A	建议采用权益法核算对未纳入合并范围且属于暂时性控制的子公司、合营/联营企业的股权投资
	1976	IAS 第 3 号（第 40 段）	N/A	要求采用权益法核算对未纳入合并范围且业务性质迥异子公司、合营/联营企业的投资

国家/地区	时间	会计规则	权益法在母公司报表（或个别报表）中的适用情况	权益法在合并报表中的适用情况
IASC（2001年以前）/IASB	1989	IAS 第 27 号（第 29 段）	可选择使用成本法或权益法核算对子公司的股权投资	采用权益法核算对未纳入合并范围的子公司的投资
	1989	IAS 第 28 号（第 12 段）	采用权益法核算对联营企业的股权投资	N/A
	1990	IAS 第 31 号（第 25 段、第 33 段）	N/A	采用权益法核算对合营企业的股权投资
	1998、2000	修订后的 IAS 第 27 号（第 13 段、第 14 段、第 29~31 段）	可选择成本法、权益法或参照 IAS 25（后改为 IAS 39）的方法核算对子公司的投资	参照 IAS 第 25 号（后改为 IAS 第 39 号）的方法对未纳入合并范围的子公司进行核算
	1998、1999、2000	修订后的第 28 号	可选择成本法、权益法或参照 IAS 39 的方法核算对联营企业的股权投资	采用权益法核算对联营企业的投资，否则参照 IAS39
	2000	修订后的第 31 号	N/A	以比例合并法作为对合营企业股权投资核算的基准方法，可以选择采用权益法对合营企业的股权投资进行核算
	2003、2008	再次修订后的 IAS 第 27 号	可选择成本法或参照 IAS 39 的方法核算	全部子公司纳入合并范围
	2003、2008	再次修订后的 IAS 第 28号（1994年重编排，1998、1999 和2000年修订）	依照 IAS 第 27 号的第 38 段－43 段的相关规定核算对联营企业的股权投资	采用权益法核算对联营企业的投资
	2008	再次修订后的 IAS 第 31 号	采用成本法核算对合营企业的投资	以比例合并法作为对合营企业股权投资核算的基准方法，可选则采用权益法核算对合营企业的股权投资
	2011	IFRS 第 10 号、修订后的 IAS 第 27 号	依照2011年修订后的 IAS 第 27 号第 10 段规定核算对子公司的股权投资	全部子公司纳入合并范围
	2011	修订后的 IA28（取代 2003 年修订的 IAS28）	依照2011年修订后的 IAS 第 27 号第 10 段规定核算对联营企业的投资	采用权益法核算对联营企业的股权投资
	2011	修订后的 IAS（取代 2003 年修订的 IAS31）	依照2011年修订后的 IAS 第 27 号第 10 段规定核算对联营企业的投资	采用权益法核算对合营企业的股权投资
	2013	关于 IAS 第 27 号的征求意见稿	建议对子公司、合营企业和联营企业的股权投资采用权益法核算	N/A

资料来源：本书根据相关会计规则整理编制而来。

1.从空间维度看股权投资会计的规则演变

（1）英国股权投资会计规则的演变

权益法的起源来自英国的会计实践，20世纪早期在合并报表尚未充分发展时，在母公司报表中采用权益法核算对控股子公司的投资。20世纪30年代皇家邮件案（Royal Mail case）后受保守氛围的影响，稳健性原则在会计上越发得到重视，致使原来采用权益法核算的股权投资要么被纳入合并报表范围，要么被采用成本法进行核算。股权投资会计规则发生如此变化的可能解释有两个：一是权益法确认了未实现损益，与当时的保守氛围相冲突，从而变得不那么流行了（Walker，1978）；二是格林委员会改革法（Greene Committee on law reform）和1928年的公司法（Companies Act 1928）不支持权益法的运用。

从表3-1可知，由于英国《公司法》禁止权益法的使用，而《公司法》又是公司财务报表披露规范[①]的监管核心，所以英国会计规则也禁止权益法在母公司报表中的使用。学术界较少对在母公司报表采用权益法核算股权投资的提议做出回应和讨论（Pixley，1910；Dicksee，1927；Dicksee和Montmorency，1932；Bogie，1949，1959；Castle和Crant，1970），反而有些学者建议采用成本法且辅以附注披露或者合并的方法核算股权投资（Cropper，Morris和Fison；1932），Garnsey（1923和1931）也提出与Cropper，Morris和Fison（1932）相同的建议。随后，英国的会计规则明确禁止在母公司报表中运用权益法（SSAP1，第18段；FRS9，第26段），只是允许权益法在合并报表中使用。此外，澳大利亚也因为法律上不允许采用权益法核算股权投资，因而澳大利亚的会计规则也不允许在母公司报表中采用权益法核算股权投资[②]。

（2）美国股权投资会计规则的演变

由于美国的法律问题较少且实务中对保守性的要求较少，所以相对于其他国际或经济组织而言，美国对权益法的使用要求的规定来得比较晚，加上美国在20世纪初更多使用的是单纯的合并方法，也使得美国对权益法的需求较少。但是，也有部分企业在母公司报表中用权益法来核算某些子公司，如不完全拥有但有控制力的子公司。Kester（1918）指出相对于实质上完全拥有子公司而言，母公司采用权益法核算"不完全拥有但是有控制力"子公司是对编制合并报表的合理替代。美国会计原则委员会（APB）于1971颁布的会计原则委员会意见书第18号（APB Opinion No.18）还明确要求在母公司报表中采用权益法核算对被投资单位具有重大影响以上的股权投资。

但是，会计原则委员会意见书第18号关于权益法的运用规定在此后10多年

---

① 在英国，公司财务报表披露规范主要由《公司法》、证券披露规则和会计准则监管。
② 当合并报表不存在时可以例外。

的会计实践中，遭到来自会计实务界和学术界的批评。Neuhausen（1982）认为在合并报表和母公司报表并存，且合并报表比母公司报表更具有优势的情况下，需要重新考虑权益法在母公司报表中的运用情况。随后，美国财务会计准则委员会（FASB）于1987年发布的财务会计准则公告第94号（SFAS 94）取消了美国会计原则委员会（APB）于1971年发布的APB意见书第18号中关于权益法的使用规定。但由于当时相对于合并报表而言，母公司报表已经不那么重要了（Nobes，2002），SFAS 94也没有给出原来采用权益法核算的这部分股权投资应该如何进行处理的指南，因此在会计实践中仍然有部分企业沿用1971年APB第18号意见书中关于权益法的使用规定，所以在美国存在母公司报表可选采用权益法或成本法核算股权投资的情况。

（3）欧盟（欧洲经济共同体）股权投资会计规则的演变

从表3-1列示的情况可知，在与国际会计准则趋同之前，欧盟（欧洲经济共同体）股权投资会计规则规定在母公司报表中可以选择采用成本法或权益法核算对子公司、合营企业和联营企业的股权投资。这一规定主要由于当时欧盟成员国对于是否应该在母公司报表中采用权益法存在不一致的看法。一些欧共体国家反对采用权益法，如英国1928年的《公司法》禁止在母公司报表中采用权益法核算对子公司的投资，随后会计规则（SSAP1，第18段；FRS9，第26段）也做出了与《公司法》关于禁止运用权益法的一致性规定。德国根据1965年《股份法》的"集团公司"概念，认为联营企业不被投资单位所控制，也未被纳入被投资单位的统一管理中，所以应当采用成本法对联营企业进行核算。

但是荷兰和丹麦则持有与英国和德国不同的观点，在荷兰和丹麦，一直就在母公司报表上采用权益法核算对子公司的股权投资（Dijksma和Hoogendoorn，1993；Christiansen和Elling，1993）。另外，在荷兰，1962年的非官方报告（Hamburg Report）建议采用权益法对"参股公司"（包括合营企业）进行核算；1964年的官方报告（Verdam Commission reported）还建议对持股比例在25%以上的股权投资采用额外披露方式披露采用权益法核算这部分股权投资的信息；1971年 Tripartiete Overleg[①]发布了第一份征求意见稿建议采用权益法对"参股公司"（包括合营企业）进行核算，随后英国和美国也发布了征求意见稿提出了与荷兰1971年第一份征求意见稿关于权益法使用的一致性建议（Zeff et al.，1992）。1968年法国的部长令中也提议在集团账户中采用权益法核算持股比例33.3%以上的股权投资（Beeny，1976）。

国际上关于权益法的使用意见越发一致，使得在合并报表中对联营企业和合营企业的投资采用权益法的要求被列入欧共体第7号指令（1976年草案、1978年

---

① Tripartiete Overleg 是一个三方委员会（tri-partite committee），为年度报告理事会（the Council for Annual Reporting）的前身。

草案，以及1983年第33条款）中。在欧共体第7号指令的影响下，欧洲一些国家不得不强制采用权益法，如：德国（Diggle和Nobes，1994）。法国和意大利立法①通过了权益法在母公司报表中的运用，但是在法国和意大利的会计实践中权益法却很少得到使用。英国和德国则不允许在母公司报表中运用权益法，只是允许在合并报表中采用权益法核算对未纳入合并范围的子公司、合营企业和联营企业的投资。之后，欧盟（欧洲经济共同体）进入了与国际会计准则趋同的时代（参见下文关于权益法在国际会计准则中的演变）。

（4）国际会计准则理事会（委员会）股权投资会计规则的演变

由表3-1列示的情况可知，在2003年以前，国际会计准则委员会（IASC）或国际会计准则理事会（FASB）对于权益法在母公司报表或合并报表中的相关规定基本一致，原因大同小异，主要还是由于当时国际范围内关于权益法的使用规定存在争论和差异，所以国际会计准则选择绕开这一问题，而是提出可供选择的股权投资会计方法。2003年后，国际会计准则理事会（FASB）发布的国际会计准则IAS27（2003年修订、2008年修订和2011年修订）、IAS28（2003年修订、2008年修订和2011年修订）和IAS31（2003年修订、2008年修订和2011年修订）取消了会计中关于权益法的可选择性。规定对子公司、合营企业和联营企业的股权投资在母公司报表中采用成本法、或与IAS39一致的公允价值法、或者国际财务报告准则第9号（IFRS9）的规定进行核算。

对于权益法使用规定的如此变化，国际会计准则理事会（IASB）从财务报告披露角度进行了解释。国际范围内长期存在双重披露制（同时披露母公司个别报表和合并报表）和单一披露（仅仅披露母公司个别报表或者合并报表）的共存局面，IASB因此采用了一种"兼容并包"的披露制度，并分别对母公司报表和合并报表的编制和披露进行了规范。IASB认为权益法能够提供与合并报表类似的盈余信息，但是此类盈余信息不是已经反映在合并报表中，就是已经反映在被投资企业的报表上，因此无需再次在母公司报表中提供。而且，母公司报表更为强调的是对投资业绩进行反映，采用与IAS39或IFRS9一致的公允价值法能够提供对股权投资的经济价值（economic value）进行估计的会计信息。

2. 从时间维度看股权投资会计规则的演变

以权益法在股权投资会计规则中的演变历程为主线，可以观测到股权投资会计规则主要历经了三个阶段、两次演变。股权投资会计规则的两次演变主要以股权投资会计方法的演变为分界点，股权投资会计规则的第一次演变发生在20世纪70年代采用权益法核算对联营企业或合营企业的股权投资；股权投资会计规则的第二次演变发生在20世纪90年代末到21世纪初将公允价值法引入到股权投

---

① 法国1985年法律的第340~344条款和意大利民法中第426（2）条款。

资会计规则中来。以下具体阐述股权投资会计规则的演变历程：

（1）第一阶段：成本法。权益法早在20世纪初就已经在英国的会计实践中得到运用，但是权益法出现在会计规则的时间比较晚，直到1966年才首次出现在美国会计规则中。因此，在20世纪70年代以前，股权投资会计规则规定主要采用成本法来核算股权投资。这一规定除了受当时一些国家的法律，尤其是英国的《公司法》禁止采用权益法对股权投资进行核算影响外，还与财务报告目标有关。在20世纪70年代以前以"受托责任观"作为财务报告的目标，而受托责任观下强调财务报告信息的契约有用性，契约有用性下强调财务报告信息的可靠性、稳健性，所以成本法恰好满足了这一基本要求。

（2）第二阶段：成本法和权益法。20世纪70年代后，股权投资活动越发活跃，出现了许多控股公司以外的法律实体，如合营企业和联营企业。而恰好在当时财务报告目标也发生了转变，从"受托责任观"转变到了"决策有用观"。决策有用观强调财务报告信息的决策有用性，而决策有用性下强调会计信息的估值有用，而权益法作为一种估值技术恰好满足了决策有用观的要求。因此，权益法被运用在母公司报表中对联营企业和合营企业的股权投资进行核算。这一转变以美国会计原则委员会在1971年3月颁布的第18号意见书最为显著。但在20世纪70年代到80年代期间，权益法遭受了会计实务界与学术界的批评。而恰好从80年代起，财务报告披露制度发生了变化，变成了"以合并报表为主，母公司报表为辅"的披露制，而在决策有用财务报告目标的影响下，合并报表信息的决策有用性成为了准则制定机构关注的焦点。因此，被视为一种估值方式的权益法就被广泛地应用到合并报表中，在母公司报表中则成为了一种可选择的方法。

（3）第三阶段：成本法、权益法和公允价值法。20世纪90年代之后，金融资产越发活跃，公允价值会计也得到了确立。这一时期，决策有用的财务报告目标也得到了更大关注，合并报表在财务报告披露制度中的主导地位也更为显现。而公允价值被视为最相关的计量属性，甚至成为金融资产唯一相关的计量属性，所以公允价值被引入到股权投资会计中就不难理解了。此外，这一时期，股权投资会计规则再次对权益法在母公司报表中的使用做出了规定，即不再允许在母公司报表中采用权益法核算股权投资。在这一点上，与我国现行股权投资会计规则存在差异。

3.1.2　我国股权投资会计规则的演变

相对于国际上一些发达国家而言，我国股权投资活动开始得比较晚，因此股权投资会计规则也出现得较晚，而且即使在会计准则国际趋同背景下，我国股权投资会计规则还与国际财务报告准则中关于股权投资会计的规定存在差异，所以有必要从我国股权投资会计规则的具体规定出发，详细深入梳理股权投资的分类、初始计量、后续计量相关规定的变化，廓清股权投资会计规则在不同时期的变化及其原因。自 1992 年我国正式颁布的《企业会计准则——基本准则》起，我国会计规则经历了数次变更，股权投资会计规则也不例外。因此，本书从 1992 年开始梳理我国股权投资会计规则的具体演变，以下具体阐述之。

1. 我国股权投资分类规则的演变

表 3-2 列示了我国股权投资的分类和分类标准相关规则的演变。在 2006 年以前，我国股权投资主要按照股权投资的流动性（持有时间的长短）进行分类，通常将持有时间少于一年的股权投资划分为短期投资，否则划分为长期投资。2006 年 2 月发布《企业会计准则》后，股权投资的分类标准变为了"影响程度"、"管理层意图"和"市场状况"，并根据这三大分类标准将股权投资划分为长期股权投资、交易性金融资产和可供出售金融资产这三大类。

表 3-2 　　　　　　　　　　我国股权投资分类规则的演变

生效日期	会计规则名称	分类	分类标准
1992.1.1	企业会计准则	短期投资；长期投资	流动性 （持有时间长短）
1999.1.1	企业会计准则——投资	短期投资；长期投资	流动性 （持有时间长短）
2001.1.1	企业会计准则——投资	短期投资；长期投资	流动性 （持有时间长短）
2007.1.1	企业会计准则第 2 号——长期股权投资 企业会计准则第 22 号——金融工具的确认与计量	长期股权投资、交易性金融资产、可供出售金融资产	影响程度、管理层意图、市场状况

注：表中"影响程度"是指投资单位对被投资单位的财务和经营决策能够施加的影响力大小；"市场状况"是指股权投资在活跃市场中是否有报价，公允价值是否能够可靠获取。

图表来源：作者根据相关股权投资会计规则整理而来。

另外，根据新旧会计规则[①]的相关规定可知，旧会计规则中的短期投资中的权益性投资改为新会计规则中的交易性金融资产；而旧会计规则中的长期投资中的权益性投资被拆分为新会计规则中的可供出售金融资产和长期股权投资。新会计规则对于什么样的股权投资应归类为可供出售的金融资产并没有给出明确的定义。在实务中，基于管理层的意图（如特定的风险管理或资本管理需要），企业

[①] 为了行文方便，本书对于 2006 年颁布的企业会计准则称为新会计规则，对于 2006 年以前的会计准则或会计制度，及相关文件统称为旧会计规则。

管理当局可以将股权投资"直接指定"为可供出售金融资产。我国股权投资会计分类的变化主要是与国际会计准则趋同的结果。

2.我国股权投资初始计量规则的演变

股权投资初始计量主要涉及到投资成本的计量，以及对取得投资时投资成本与应享有被投资单位所有者权益份额之间差额（股权投资差额[①]）的会计处理。而投资成本的计量与会计计量属性相关，另外，股权投资差额也与公允价值有关，所以主要以公允价值这一计量属性在股权投资会计中的运用情况为主线梳理股权投资初始计量规则的演变。

（1）我国股权投资会计中公允价值运用的演变

公允价值计量属性在我国股权投资会计中的运用经历了一波三折的过程（见表3-3）：1997年至2000年为启用阶段；2001年至2005年为回避阶段；2006年至今为再次启用阶段。

表3-3　　　　　　　　我国股权投资会计中公允价值运用的演变

生效日期	会计规则名称	相关规定
1992.1.1	企业会计准则	尚未使用公允价值
1999.1.1	企业会计准则——投资	以放弃非现金资产获得的股权，其投资成本以放弃的非现金资产的公允价值计量；若股权投资的公允价值更为可靠，则以股权投资公允价值入账
2001.1.1	企业会计准则——投资	以历史成本作为股权投资初始成本的计价基础
2007.1.1	企业会计准则第2号——长期股权投资	非同一控制下企业合并、非合并形式获取的股权投资，以换出资产的公允价值计量投资成本
	企业会计准则第22号——金融工具确认和计量	交易性金融资产和可供出售金融资产的初始投资成本以公允价值进行计量

资料来源：作者根据股权投资会计规则相关规定整理而来。

我国股权投资会计规则对于公允价值的运用几经变更，原因不同，但我国股权投资会计规则对公允价值的运用一直持谨慎态度。我国1999年的投资准则开始启用公允价值，在1998年6月发布的《企业会计准则——投资》讲解中可以找到在股权投资会计规则中运用公允价值的背景与目的：①公允价值在我国会计实务中的一定范围内已经得到运用，具有实践基础；②公允价值定义中的"公平交易"为其确定的资产或负债价值的公允性提供了前提条件；③三是为了与国际会

[①]　股权投资差额是指股权投资的初始投资成本与投资单位应享有被投资单位所有者权益份额之间的差额，当初始投资成本大于应享有被投资单位所有者权益份额时，称为借方差额；反之，称为贷方差额。下文同。

计惯例接轨；④公允价值可以表现为多种形式，如可实现净值、重置成本、现行市场价值、评估价值等，所以采用公允价值意义更大；⑤我国股市的发展对会计思想的发展也起到了促进作用，而我国国有企业改革上市所面临的资产计价问题则是直接促进了对公允价值的运用。

然而21世纪初，我国上市公司爆发了一系列的会计舞弊问题，尤其是关于公允价值在资产计价中的舞弊问题，为了杜绝此类问题，在2001年的投资准则中，取消了对公允价值的使用。对于公允价值在股权投资会计规则中运用的演变，财政部会计司也做出了解释："1998年颁布的投资准则自1999年起执行两年来暴露出了许多漏洞，尤其是上市公司利用非现金资产的公允价值计价大规模操纵企业的利润。为规避此类问题，于2000年组织专家对投资准则进行了修订，修订后的投资准则取消了非现金资产对公允价值计价，改为全面采用账面价值（历史成本）计价。"

但随着经济全球化与资本国际化，以及会计准则国际趋同的进程进一步加快，我国2006年颁布的股权投资会计规则又重新启用了公允价值，对于交易性金融资产和可供出售金融资产甚至在后续计量也采用了公允价值。

（2）我国股权投资差额会计处理方法的演变

我国现行股权投资会计规则中已经没有了股权投资差额这一概念，为了便于分析，仍然使用这一概念。表3-4列示了我国股权投资差额会计处理规则的演变历程。

表3-4　　　　　　　　　　**我国股权投资差额会计处理规则的演变**

生效日期	会计规则名称	会计处理方法
1992.1.1	企业会计准则	无规定
1999.1.1	企业会计准则——投资	将股权投资差额按一定期限平均摊销计入损益。摊销期限有合同规定的按合同规定期限进行摊销；若没有规定，借方差额、贷方差额则分别按不超过10年和不低于10年的期限进行摊销
2001.1.1	企业会计准则——投资	将股权投资差额，按一定期限平均摊销计入损益
2003	关于执行企业会计制度和相关会计准则有关问题解答（二）	将借方差额在"长期股权投资"科目中设置"股权投资差额"细目进行核算，并按规定的期限摊销计入损益，贷方差额则计入"资本公积——股权投资准备"科目
2007.1.1	企业会计准则第2号——长期股权投资	长期股权投资的初始投资成本大于投资时应享有被投资单位可辨认净资产公允价值份额的，不调整长期股权投资的初始投资成本；反之，其差额计入当期损益，同时调整长期股权投资的成本

注：表中"借方差额"是指股权投资初始投资成本大于投资单位应享受被投资单位所有者权益份额的差额；"贷方差额"是指股权投资初始投资成本小于投资单位应享受被投资单位所有者权益份额的差额。下文同。

图表来源：作者根据股权投资会计规则的相关规定整理而来。

总的说来，关于股权投资差额的会计处理规则主要有三种：一是损益观，一次计入损益或分期计入损益；二是权益观，即计入资本公积；三是损益与权益结合观，即收益时计入资本公积，损失时计入损失。

①为了实现股权投资初始投资成本与未来投资收益的配比性及谨慎性原则，1999年的投资准则首次要求对股权投资差额进行反映并在规定的期限内进行摊销，且对借方差额和贷方差额均做了规定。2001年关于股权投资差额的会计处理规则与1999年的会计处理规则没有差异，均是在一定期限内进行平均摊销，且计入损益，体现了损益观。②2003年颁布的《关于执行企业会计制度和相关会计准则有关问题解答（二）》对股权投资差额的会计处理规定做出了修订，将贷方差额由平均摊销并且计入损益改为了计入"资本公积——股权投资准备"，体现了损益和权益结合观。③为了与国际会计准则趋同，2006年规定对于长期股权投资的初始投资成本大于投资时应享有被投资单位可辨认净资产公允价值份额的，不调整长期股权投资的初始投资成本，以后年度也不进行摊销，而是采取对长期股权投资进行减值测试的方法。对于长期股权投资的初始投资成本小于投资时应享有被投资单位可辨认净资产公允价值份额的，其差额应当计入当期损益，同时调整长期股权投资成本。

3.我国股权投资后续计量规则的演变

（1）我国股权投资会计方法的演变

表3-5列示了我国股权投资后续计量方法适用范围的演变情况。

从表3-5可知，自1992年起股权投资会计处理方法主要经历了三次大的变革，1992年至1998年期间按照西方股权投资会计处理方法的通行做法引入了权益法；1999年至2005年期间股权投资会计处理方法扩大了权益法的适用范围；2006年至今调整了成本法和权益法的适用范围，并在股权投资会计处理方法中引入了公允价值法。以下分述之。

①我国资本市场初创期：权益法的引入

自1992年起我国资本市场的发展初见端倪，但采用成本法核算股权投资存在缺陷，不利于投资者的投资决策，因此要求改革股权投资会计方法的呼声不断。万科等五家在深圳证券交易所上市的公司自注册日起就借鉴国际惯例，对长期投资以处置成本进行重估并调整账面价值，重估升值部分计入权益（资本公积），与此同时采用权益法核算股权投资的提议也被提出。

1992年《股份制试点企业会计制度》第28条规定"企业对其他单位投资如占被投资企业资金总数半数以上的，应按照权益法记账"。同年《外商投资企业会计制度》第27条规定"向其他单位股票投资的核算一般采用成本法。若投资额占被投资企业资本总额（或股本总额）25%以上，且对被投资企业的经营管理

表 3-5 我国股权投资会计方法适用规则的演变

生效日期	会计规则名称	成本法适用情形	权益法适用情形	公允价值法适用情形
1992.1	股份制试点企业会计制度	持股比例小于50%	持股比例大于50%	—
1992.7	外商投资企业会计制度	一般采用成本法	资本总额（股本总额）占比超过25%，且有重大影响力"可以"采用	—
1992.11	关于股份制试点企业股权香港上市有关会计处理问题的补充规定	持股比例 20%<X<50%以外的股权投资	重大影响，或持股比例 20%<X<50%	—
1999.1	企业会计准则——投资	无控制、共同控制或重大影响	控制、共同控制或重大影响，且持股比例大于20%	—
2001.1	企业会计制度	无控制、共同控制或重大影响	控制、共同控制或重大影响，持股比例大于20%	—
2001.1	企业会计准则——投资	无控制、共同控制或重大影响	控制、共同控制或重大影响	—
2007.1	CAS2——长期股权投资	控制、四无投资	共同控制或重大影响	—
2007.1	CAS22——金融工具确认和计量	—	—	"三无投资"且公允价值能够可靠计量

注：表中"三无投资"指对被投资单位不具有控制、共同控制或重大影响的股权投资；"四无投资"指在活跃市场中没有报价、公允价值不能可靠计量的"三无投资"；"CAS2"和"CAS22"分别指企业会计准则第2号《长期股权投资》、第22号《金融工具确认和计量》。

图表来源：作者根据相关股权投资会计规则整理而来。

具有重大影响的，也可以采用权益法"。此外，继发行境内上市外资股（B股）后，为了适应股份制试点企业赴香港联交所上市的需要，同年11月又颁布了《关于股份制试点企业香港上市有关会计处理问题的补充规定》（<92>财会字第58号文）规定"企业对其他单位的投资额占该单位有投票权资本总额20%以上，但少于50%并对该单位有重大影响时，或虽不足20%但有重大影响时，应采用权益法核算"。

在我国资本市场的初创期，股权投资会计规则发生了重大变革，引入了西方国家通行的会计方法——权益法。但对权益法的运用还存在局限性，主要体现在以下几点：①权益法的运用具有试探性，适用的主体主要是上市公司、外商投资企业以及境外上市公司，并不是针对中华人民共和国境内的所有企业；②权益法并不是股权投资会计的主要方法，而是一种可选择的方法，如《外商投资企业会计制度》也只是规定在股权投资比例达到某一标准时，"也可以"采用权益法对股权投资进行核算；③权益法的使用标准不统一。《股份制试点企业会计制度》规定的权益法适用标准为"持股比例大于50%"；《外商投资企业会计制度》规定的权益法适用标准为"资本总额（股本总额）占比超过25%且具有重大影响力"；《关于股份制试点企业香港上市有关会计处理问题的补充规定》规定权益法适用标准为"企业对其他单位的投资额占该单位有投票权资本总额20%以上，但少于50%并对该单位有重大影响时，或虽不足20%但有重大影响时"。权益法的适用标准不统一，易造成可理解性不高，从另一个角度来看我国这一时期对是否采用以及何时采用权益法也基本没有进行理论研究。

②我国具体会计准则初建期：权益法适用范围扩大期

1992年颁布的会计基本准则构建了我国与西方国家接轨的会计框架，但是缺乏配套的具体准则指引和规范，所以这一时期实务中主要以行业会计制度和《股份制试点企业会计制度》作为工作指引。1998年我国才陆续颁布了一系列相关的具体准则，其中6月颁布的《企业会计准则——投资》对股权投资会计做出了相关规定：对被投资单位不具有控制、共同控制或重大影响的股权投资采用成本法核算；对被投资单位具有控制、共同控制或重大影响，且持股比例在20%以上的股权投资则应采用权益法进行核算。

这一规定扩大了权益法的适用范围，且修订了之前权益法使用标准不统一的问题，但也带来了新问题：①权益法的适用标准既有定量标准也有定性标准。对于定量标准，只要达到某一具体标准界限，则可采用权益法；对于定性标准，则需要会计职业人员合理的专业判断，但是职业判断主观性很强，也难以判断这一标准选择的客观性；②权益法适用的定性标准给会计处理带了较大的弹性和可操作性问题，而定量标准又提供了盈余调整杠杆，如A企业持有B企业20%的股权且采用权益法核算，某一会计年度B企业发生了100万元的亏损，A企业需要确认20万元的投资损失。如果A公司减持B企业1%的股权，此时持有B企业19%的股权，按规定则应采用成本法核算，无需确认投资损失，那么1%的股权就能避免确认20万的投资损失。

③我国会计准则全面趋同期：成本法、权益法和公允价值法并存

为了进一步发展资本市场，并使得我国完全市场经济地位得到国际的认可，财政部于2006年2月以一种革命式的方式推出了一项基本准则和38个具体准则，

取代了我国原有的会计准则和会计制度。现行对股权投资会计进行规范的会计规则主要有《企业会计准则第2号——长期股权投资》、《企业会计准则第22号——金融工具确认和计量》、《企业会计准则第20号——企业合并》和《企业会计准则第33号——企业合并报表》，见表3-6。

表3-6　　　　　　　　　　我国现行股权投资会计规则的相关规定

会计规则名称	股权投资分类	股权投资会计方法
企业会计准则第22号《金融工具确认和计量》	交易性金融资产	公允价值法：公允价值变动计入损益
	可供出售金融资产	公允价值法：公允价值变动计入权益
企业会计准则第2号《长期股权投资》	四无投资	成本法
	对合营企业投资	权益法
	对联营企业投资	
企业会计准则的第2号《长期股权投资》、第20号《企业合并》和第33号《企业合并报表》	对子公司投资	成本法（母公司报表）完全合并（合并报表）

资料来源：作者根据股权投资会计规则的相关规定整理而来。

由表3-6列示的情况可知，公允价值法于2006年后被引入股权投资会计中，且进一步被细分为两类不同的方法，即核算交易性金融资产的公允价值法（计入损益）和核算可供出售金融资产的公允价值法（计入权益）。2006年的股权投资会计规则也缩小了权益法在母公司报表中的适用范围，将原来采用权益法核算的股权投资改为采用成本法进行核算，仅对具有共同控制或重大影响的股权投资采用权益法进行核算。此外，权益法的适用标准也变成了定性标准。

（2）我国股权投资收益确认规则的演变

如何确认股权投资的收益或损失一直是股权投资核算的重要问题。一般根据股权投资会计核算方法分别进行确认：采用成本法核算的股权投资在实际收到股利或者利润时确认投资收益，体现收付实现制原则；采用权益法核算的股权投资根据每一个会计年度被投资企业的净利润进行确认计量，以被投资单位实现的净利润为基础，根据持股比例进行确认，体现权责发生制原则；采用公允价值法核算的股权投资收益在处置时或收到股利时确认。表3-7列示了股权投资收益确认规则的演变历程。

表3-7 我国股权投资收益确认规则的演变

生效日期	会计规则名称	成本法	权益法	公允价值法
1992.1	股份制试点企业会计制度	收到股利时确认	被投资单位股东权益增加额×持股比例的份额	—
1992.7	外商投资企业会计制度	收到股利或者利息时确认	被投资单位权益增减×持股比例的份额	—
1999.1	企业会计准则——投资	收到股利或者利息确认	被投资单位当年实现的净损益×持股比例的份额,且考虑超额亏损	—
2001.1	企业会计准则——投资	收到利润或现金股利时确认,且考虑清算性股利	被投资单位当年实现的净损益×持股比例的份额,且考虑超额亏损	—
2007.1	长期股权投资	收到利润或现金股利时确认,且考虑清算性股利	被投资单位经调整后净损益×持股比例的份额	
	金融工具确认与计量	—	—	处置或收到股利时
2010.3	企业会计准则解释第3号	不再考虑清算性股利	无规定	无规定

注:表中的清算性股利是指被投资单位宣告分派的利润或现金股利大于其在接受投资单位的投资以后所实现的累积净利润。

资料来源:作者根据股权投资会计规则的相关规定整理而来。

①成本法下股权投资收益确认规则的演变

各个时期成本法核算下股权投资收益的确认一般以被投资单位分派的现金股利或利润为准,规则一直围绕这个基础不断进行变化或完善。在2001年至2010年《企业会计准则解释第3号》期间收益确认规则对投资收益与投资成本的收回(清算性股利)做了区分,改变了1992年规则中只要收到被投资单位派发的股利即确认投资收益的简单做法,使得会计处理更符合配比性原则。但是核算清算性股利的过程较为繁琐。2010年3月发布的《企业会计准则解释第3号》要求不需要再对清算性股利进行考虑,这一规定彻底改变了以往的投资收益确认规则,且其修订的理论依据主要有两个:一是投资企业一旦对被投资企业进行股权投资,即成为被投资单位的所有者,理应享受被投资企业全部的所有者权益;二是投资时支付的对价中也包含了为了获得投资前被投资单位所形成的净利润,所以投资

47

后被投资单位派发投资前形成的利润，形式上是对投资企业投资成本的返还，实质上是投资企业获得了投资收益。

当然，《企业会计准则解释第3号》这一规定也为母公司通过子公司的股利分派调节利润提供了便利。例如，当母公司的经营情况不甚如意，而子公司以前盈利较多时，母公司就可以控制子公司股利分配力度，从而增加母公司的投资收益，修饰其利润报表。

②权益法下股权投资收益确认规则的演变

权益法核算下的股权投资收益的确认在各个时期均遵循同样的原则，即按照一定的基数乘上对被投资单位的持股比例确认，只是不同时期对于这一基数的确定标准不同。1992年的股权投资会计规则以被投资单位"股东权益增加额"作为计算基数，而股东权益的增加额除与经营活动有关外，还可能与非经营性活动有关，如接受捐赠。鉴于此，1999年的股权投资会计规则改变了股权投资收益的计算基数，将其修订为被投资单位"当期实现的净损益"，这与国际会计准则关于股权投资收益确认基准一致。此外，对于股权投资收益的确认还增加了另外一条标准，即确认对被投资单位发生的净亏损承担的界限，以股权投资账面价值减至零为限。2001年的投资准则中关于权益法下股权投资收益确认的处理方法与1999年的会计规则基本一致。

2006年颁布的股权投资会计规则对于股权投资收益计算基数做出了相应的修订，要求对投资收益确认基准"被投资单位实现的净损益"按照取得投资时被投资单位可辨认资产或负债的公允价值进行调整。此外，还对确认被投资单位发生的净亏损界限也做了相应的调整，即在1999年和2001年投资准则的基础上还增加了另外一条规定"其他实质上构成对被投资单位净投资的长期权益减至零为限"。投资企业除了对被投资企业进行股权投资外，在经营活动过程中，还可能对被投资企业拥有其他权益，如应收款项。被投资企业由于发生亏损或者持续亏损，一旦停止运营，投资企业对于被投资单位这些其他权益也很可能不能收回，这是2006年在确认被投资单位净亏损界限上增加新规定的依据。

总的来说，权益法下股权投资收益的计算基数从被投资单位"股东权益的增加额"到被投资单位"当期实现的净损益"，最后到目前的"以取得投资时被投资单位可辨认资产等公允价值为基础调整后的被投资单位的净利润"为基准，虽然权益法下股权投资收益的计算基数不断被修订，但在确认时均尚未实现。

③公允价值法下股权投资收益的确认

2006年股权投资会计规则的重大变革之一就是采用公允价值法对股权投资进行核算。采用公允价值对交易性金融资产和可供出售金融资产进行初始计量和后续计量，对持有期间的公允价值变动分别计入公允价值变动损益和资本公积。公允价值法核算的股权投资在持有期间如果未收到现金股利或利润则无需确认投资收益，只有在处置时进行确认。处置交易性金融资产时将计入公允价值变动损益的累积公允价值变动转出至投资收益；处置可供出售金融资产时将计入资本公积的累积公允价值变动转出至投资收益。

综上所述，我国股权投资会计规则基本实现了与国际财务报告准则的趋同，但也存在差异，主要体现在对权益法的使用规定上。国际财务报告准则已经不允许在母公司报表中使用权益法，但是我国现行股权投资会计规则仍然规定在母公司报表中采用权益法对合营企业和联营企业的股权投资进行核算。

3.1.3　股权投资会计规则演变的理论探源

从股权投资会计规则的演变历程来看，股权投资会计规则的演变受到经济环境变化的影响，尤其是资本市场发展的影响。但从理论根源来看，股权投资会计规则的演变与财务报告概念框架这一指导会计规则制定或修订的理论紧密相关。财务报告概念框架（Conceptual Framework for Financial Reporting；CF）①是美国会计准则委员会（FASB）在吸取会计程序委员会（CAP）和会计原则委员会（APB）两大准则指定机构失败经验的基础上构建起来的会计准则制定的理论依据。FASB在1976年发布的《财务会计和报告概念框架：财务报表的要素及其计量》中首次出现了财务报告概念框架（CF）概念。之后，1980年FASB发布的财务会计概念公告第2号（SFAC No.2）对概念框架的定义做出了界定和解释，即概念框架由财务报告目标②和受财务报告目标决定的其他基本概念组成的连贯的理论体系，着重于研究会计规则的理论依据，也因此被视为会计规则制定的理论依据。美国对CF的研究在西方会计界中最具代表性，影响了其他国家CF的构建，甚至影响国际会计准则理事会关于CF的研究和构建。

财务报告目标作为CF的逻辑起点，根据财务报告概念框架的推演逻辑可以推演出有用财务信息的质量特征③，然后再根据有用财务信息的质量特征推演出财务报告要素的确认、计量和披露。会计规则主要目的是为了提供有用的会计信息服务，那么会计规则的演变则与财务报告目标息息相关，而股权投资会计信息作为财务报告的重要组成部分，其目标也是与财务报告目标是一致的。毫不例

---

① 财务报告概念框架是FASB在2010年9月发布的第8号概念公告（SFAC No.8）中由财务会计概念框架（Conceptual Framework for Financial Accounting；CF）改称而来，所以本书不对财务报告概念框架和财务会计概念框架作区分，而是统称为财务报告概念框架。

② 会计目标、财务报表目标和财务报告目标虽然既有联系又有区别，为了行文方便，本书不做严格的区分，统称为"财务报告目标"。

③ "有用财务信息的质量特征"概念是2010年9月的财务会计概念公告第8号（SFAC No.8）对1980年5月的财务会计概念公告第2号（SFAC No.2）中的"会计信息的质量特征"进行修改而来。①财务报告概念框架是FASB在2010年9月发布的第8号概念公告（SFAC No.8）中由财务会计概念框架（Conceptual Framework for Financial Accounting；CF）改称而来，所以本书不对财务报告概念框架和财务会计概念框架区分，而是统称为财务报告概念框架。

① 会计目标、财务报表目标和财务报告目标虽然既有联系又有区别，为了行文方便，本书不做严格的区分，统称为"财务报告目标"。

① "有用财务信息的质量特征"概念是2010年9月的财务会计概念公告第8号（SFAC No.8）对1980年5月的财务会计概念公告第2号（SFAC No.2）中的"会计信息的质量特征"进行修改而来。

外，股权投资会计规则的演变也受财务报告目标的影响。

此外，作为信息披露的载体，虽然合并报表与母公司报表的功能定位不同，但均服务于财务报告目标，且在财务报告概念框架的理论指导下进行分工与协作。因而，在财务报告披露制度变化的情况下，也要求股权投资会计规则的相关规定进行相应的调整。鉴于此，本书主要根据财务报告概念框架的推演逻辑从财务报告目标和财务报告披露制度探讨股权投资会计规则演变的理论依据和逻辑基础。

1.财务报告目标对股权投资会计规则演变的影响

财务报告目标先后出现过"受托责任观"和"决策有用观"两种具有代表性观点。根据财务报告概念框架推演逻辑可以推导出这两种观点下有用财务信息的质量特征，再根据有用财务信息的质量特征推演出会计要素的确认、计量和披露要求。因此，为了应对经济环境变化，满足信息使用者的要求而导致的财务报告目标变化，也会引起会计规则的演变。股权投资会计规则作为会计规则体系的组成部分也不例外，也会根据财务报告目标的转变而进行相应的调整。

（1）受托责任观对股权投资会计规则的影响

20世纪30年代后，随着企业规模的扩大化，企业所有权和经营权的分离越发普遍，委托代理关系也随之成为普遍的社会现象，管理者受托责任履行情况的衡量和评价成为了关键，促成了受托责任观的确立（葛家澍、杜兴强，2005）。"受托责任观"认为财务报告目标是为了反映受托人对受托责任的履行情况，因此强调财务报告信息的"契约有用性"，而"契约有用性"又更强调财务报告信息的可靠性和稳健性。由要求可靠性和稳健性的财务报告质量特征可以推演出历史成本计量属性。另外，由于采用权益法核算的股权投资确认了未实现的损益，这与稳健性和可靠性原则不相符，进一步与历史成本计量属性相矛盾，所以在20世纪70年代之前，股权投资会计规则规定采用成本法对股权投资进行核算。从表3-1列示的关于权益法在各国或经济组织的股权投资会计规则中使用情况的演变历程可见一斑。英国、美国、欧盟（欧洲经济共同体）和国际会计准则理事会（国际会计准则委员会）的会计规则在1970年以前对于在母公司报表中使用权益法的情况并未做出相关规定。尽管美国会计程序委员会（CAP）在1959年发布的会计研究公报第51号（ARB 51）出现了权益法的规定，但也仅是在合并报表中允许选择采用权益法，或者对采用成本法核算且未被纳入合并范围的子公司的股权投资辅以附注披露权益法相关信息。对股权投资会计规则做出如此规定，与当时契约有用性的财务报告目标占主导地位有关。

（2）决策有用观对股权投资会计规则的影响

到了20世纪70年代，随着资本市场的发展，资本市场流动性的越来越大，股权也越发分散，而分散化后的股权，导致众多的中小股东出现。但基于成本效益原则，中小股东没有动机去监管企业管理层的经营情况，而是选择了"用脚投票"。由于资产市场，尤其是股票市场的变化导致70年代前形成的明确的委托代理关系逐渐变得模糊起来，"受托责任观"下的委托代理决策也逐渐演变成个人的投资决策。而个人的投资决策需要有用的会计信息以助于降低决策风险，从而"决策有用观"确立了起来（葛家澍、杜兴强，2005）。戴德明（2012）也认为财务报告目标在资本市场的发展和推动下，已经从20世纪70年代以前的"受托责任观"扩展到了70年代至今的"决策有用观"。

"决策有用观"首次出现在美国会计学会（American Accounting Association；AAA）于1966年发布的《基本会计理论公告》（A Statement of Basic Accounting Theory）中，并在1973年被美国注册会计师协会（American Institute of Certified Public Accountants；AICPA）发布的特鲁布鲁德委员会（Trueblood Commission）报告，即《财务报表的目标》（Objectives of Financial Statements）[1]所强调。1978年11月财务会计准则委员会（Financial Accounting Standard Board；FASB）发布的《财务会计概念公告第1号：企业财务报告的目标》也明确提出了第一层次的财务报表的目标是"为投资决策和信贷决策提供支持"。FASB在1978年后陆续发布的其他《财务会计概念公告》也体现了对决策有用观的偏好，从而确定了决策有用观作为会计准则制定或修订的理论指南地位（吴水澎，2007）。

之后，FASB、IASB以及FASB与IASB的联合趋同框架也均以"决策有用观"作为财务报告概念框架演绎推理的逻辑起点。"决策有用观"下推演出有用财务信息的基本质量特征是：相关性和可靠性（如实反映）。"相关性"强调信息的预测价值。在IASB与FASB的联合趋同框架下，"预测价值"甚至成了"相关性"的应有之义。而权益法的会计处理特征决定了权益法核算下的股权投资会计信息具有预测性，基于此，权益法开始被引入到股权投资会计规则中来。由表3-1列示的关于权益法在股权投资会计规则中的适用情况和演变历程可知，自20世纪70年代起，权益法在国际范围内被广泛引入股权投资会计规则中，且适用范围也扩大了。以1971年美国会计原则委员（APB）发布的第18号意见书（APB Opinion No.18）较具代表性，该意见书规定在母公司报表中采用权益法对具有重大影响以上的股权投资[2]（包括对联营企业、合营企业和子公司的股权投资）进行核算。

到了20世纪90年代，公允价值会计理念越发得到关注，加上技术进步，公允价值的可获取性也得到了提高，从而确立了公允价值会计在会计规则中的重要

---

① 会计目标、财务报表目标和财务报告目标虽然既有联系又有区别，为了行文方便，本书不做严格的区分，统称为"财务报告目标"。
② "有用财务信息的质量特征"概念是2010年9月的财务会计概念公告第8号（SFAC No.8）对1980年5月的财务会计概念公告第2号（SFAC No.2）中的"会计信息的质量特征"进行修改而来。

地位。并且，由决策有用的财务报告目标推演出有用财务信息的基本质量特征之一是相关性，再由相关性的会计信息质量特征推演出公允价值计量属性，所以在20世纪90年代后，公允价值法开始被引入到股权投资会计规则中来。由表3-1列示的情况可知，IASB在2000年修订的IAS27和IAS28就开始建议在母公司报表和合并报表中参照IAS25[①]（后改为IAS39）的相关规定对股权投资进行核算，即采用公允价值法。股权投资会计方法的变化与公允价值会计的出现在时间上的一致性，一定程度上表明了公允价值会计的出现也是股权投资会计规则演变的影响因素，而公允价值会计的确立与财务报告目标的决策有用性是紧密相关的，进而表明财务报告目标影响着股权投资会计规则的演变。

2.财务报告披露制度对股权投资会计规则演变的影响

从财务报告披露制度的形成及其演变，以及功能定位来看，财务报告披露制度服务于财务报告目标，而合并报表和母公司报表作为股权投资会计信息的披露载体，同样根据财务报告概念框架的推演逻辑可以推演出股权投资会计确认和计量基础。因此，对财务报告披露制度的演变以及合并报表和母公司报表的功能定位差异进行梳理可以很好地观测到财务报告披露制度对股权投资会计规则演变的影响。

（1）财务报告披露制度的形成与演变

①财务报告披露制度的形成。财务报告披露制度从无到有经历了一段较长的时间。1899年以前，由于上市公司的融资途径主要是银行而不是股票市场，因此对上市公司对外披露财务报告的需求并不强烈，也就不需要财务报告披露制度对上市公司的对外披露信息进行相关规范。到了19世纪末（即1899年以后），企业生产规模越来越大，对资本的需求也越发的急剧，银行贷款和企业内部资金已经无法满足企业发展的资金需求。为了谋求规模扩大化发展，企业开始到资本市场尤其是股票市场上进行融资，委托代理问题（即管理层和股东之间的代理问题）随之开始出现，那么对外披露财务报告的需求也就接踵而来了。1899年美国证券交易所要求上市公司披露对外财务报告，这一要求标志了财务报告披露制度的形成。这也说明财务报告制度是为信息使用者的信息需求服务的，也受财务报告目标的影响，从而影响股权投资会计规则的相关规定。

②财务报告披露制度的演变。对外财务报告披露制度形成后，财务报告披露制度也进行了演变。根据何力军（2013）对美国财务报告披露制度的研究可知，财务报告披露制度经历了三个阶段两次演变：第一个阶段，仅披露母公司报表阶

---

① 特鲁布鲁德委员会报告，即《财务报表的目标》较以前更为强调财务报表使用者及其决策的需要。索特（George H. Sorter）是《财务报表的目标》研究的负责人，也曾是《基本会计理论公告》的起草人，而且还在1969年提出了"事项法"，认为会计应尽可能提供对决策有用的经济事项信息。

段（1899年至1902年）；第二阶段，1902年至1940年期间处于母公司报表和合并报表并行阶段。虽然1902年起增加了披露合并报表的要求，但在美国证监会尚未成立以前（即1940年以前），美国上市公司对外信息披露处于放任状态；第三阶段，母公司报表和合并报表并存与合并报表取代母公司报表的阶段。虽然1940年美国证监会发布了Regulation S-X，并对合并报表披露要求和规范做出了详细的规定，但是对于母公司报表却不做相关要求。其中，1940年至1981年属于合并报表规范期。值得注意的是，从1981年至今，国际范围内无论是单一披露制还是双重披露制均突出了合并报表的优势地位。

从财务报告披露制度的演变历程可以得知，财务报告披露制度的演变与财务报告目标的演变时间基本一致，也一定程度上表明财务报告目标的变化影响财务报告披露制度的演变，进而需要对股权投资会计规则的相关规定进行调整。

（2）合并报表与母公司报表功能定位差异

从合并报表与母公司报表形成背景来看，二者在功能定位上存在差异。

①母公司报表主要是为母公司债权人提供关于企业资产变现能力或偿债能力的信息。然而，合并报表产生的根源是控股公司，动力是金融资本家的融资需要（Mumford，1989），因此，合并报表主要为母公司的股东和投资者进行企业价值评估服务。美国会计程序委员会（CAP）在1959年发布的会计研究公报（ARB）第51号中也指出合并报表的主要目的是为母公司的股东和债权人提供母子公司作为一个企业集团的财务状况和经营成果。

②由于合并报表和母公司报表的功能定位不同，所以二者可以分工与协作为财务报告目标服务，而财务报告目标是为财务报告信息使用者服务的，据此可以推断财务报告信息使用者的信息需求影响着合并报表和母公司报表的分工与协作。投资者和债权人作为财务报告信息的主要使用者，各自的信息需求是不一样的。债务的清偿或抵押是建立在契约（法律）基础上的，所以债权人更关注的是财务报告信息所能反映的偿债能力或变现能力，显然，相对于合并财务报表而言，以法律主体为报告主体的母公司报表信息更利于债券人评估企业资产的变现能力。投资者的经济决策主要是股票的买卖决策，所以更关心对企业价值进行评估，而基于实质重于形式原则下计量的会计信息更有助于估计和预测企业的价值，所以相对于母公司报表而言，以实质重于形式作为信息披露要求的合并报表则更能满足投资者的信息需求。

（3）财务报告披露制度对股权投资会计规则的影响

母公司报表以法律主体作为报告主体对报表信息进行披露，强调信息的可验证性、可复核性，所以对于交易或者经济事项的确认以法律形式为基础，在计量上偏向于采用历史成本计量属性。而合并报表以集团主体作为报告主体对报表信息进行披露，强调信息披露的实质重于形式原则①，应当按照交易或事项的经济实质，而不仅仅是法律形式进行确认、计量。而权益法是一种穿透法律形式的，且能够反映企业内在价值（intrinsic value）的会计处理方法。权益法这一特性与合并财务报表基于实质重于形式的信息披露要求不谋而合，所以在合并报表占据优势地位的财务报告披露制度阶段，被运用于合并报表对股权投资进行会计核算。

由表3-1列示的关于权益法在股权投资会计规则中的适用情况和演变历程可知，自20世纪80年代后，各个国家或经济组织的会计规则中关于母公司报表中运用权益法的情况被取消，反而修订在合并报表中运用权益法。FASB在1987年发布的SFAS第94号中的第15段规定虽然取消了1971年APB发布的第18号意见书中关于在母公司报表中采用权益法核算具有重大影响以上的股权投资的相关规定，但却没有提出替代的方案，主要与美国当时的财务报告披露制度中合并报表为主的地位有关（Nobes，2002）。面对国际范围内双重披露制和单一披露制长期共存的局面，为了规避争议，IASB采取了兼容的态度，即分别对合并报表和母公司报表进行规范，且试图对二者的分工与协作进行尝试（何力军，2013）。合并报表和母公司报表的分工与协作要求股权投资会计规则做出相应的调整，主要体现在：①修订后的IAS27（2003）、IAS27（2011）取消在母公司报表中采用权益法对子公司的投资的核算，改为在母公司报表中采用成本法核算这部分股权投资；②修订后的IAS28（2003）、IAS28（2011）取消了母公司报表中采用权益法对联营企业的投资，改为在合并报表中采用权益法核算这部分股权投资；③修订后的IAS31（2008）、IAS31（2011）在母公司报表中采用成本法对合营企业进行核算，在合并报表中采用权益法对这部分股权投资进行核算。这些调整在一定程度上表明财务报告披露制度对股权投资会计规则相关规定的影响。

综上所述可知，股权投资会计规则的演变与财务报告目标和财务报告披露制度的变化在时间上基本吻合。财务报告披露制度受财务报告目标的影响，且与财务报告目标一同主导股权投资会计规则的演变。主要体现在以下几个方面：

①财务报告目标在20世纪70年代从"受托责任观"转变到"决策有用观"，而从这一时期起权益法被广泛应用到股权投资会计中来。决策有用观下强调财务报告信息的决策有用性，尤其是对投资者的股票买卖决策有用，所以具有预测价值的信息变得越来越重要，而权益法下确认的投资收益信息包含更多的预测信息，所以权益法在70年代被广泛运用，甚至滥用。到了90年代，金融资产越发活跃，公允价值会计的地位得到确立，此外，根据财务报告概念框架的演绎推理逻辑可以推演出"决策有用观"下最相关的会计计量属性为公允价值。因此，20

---

① 美国会计原则委员会1971年发布的第18号意见书中并没有联营企业这一个概念，而是规定对具有重大影响以上的股权投资采用权益法进行核算。

世纪90年代后，公允价值法被引入到股权投资会计中来。

②财务报告披露制度在20世纪80年代后从"合并报表和母公司报表并存"转变到"合并报表为主，母公司报表为辅"的阶段，而这一时期权益法在股权投资会计中的运用也已经从母公司报表转变到了合并报表。合并报表以集团主体作为报告主体，按照实质重于形式的原则披露财务报告信息，如此规定相对于以法律主体作为报告主体的母公司报表而言，合并报表信息更具有预测价值，所以更能满足决策有用观的财务报告目标。因此，财务报告目标影响了财务报告披露制度的演变，财务报告披露制度下的合并报表的优势地位决定了此阶段股权投资会计规则关于权益法在合并报表中的使用。其中，1987年FASB发布的SFAS第94号关于权益法的规定就体现了财务报告披露制度对股权投资会计规则的影响。同时，为了提高财务报告的有用性，IASB也一直对财务报告披露制度的优化进行努力，尤其对合并报表和母公司报表的分工与协作进行了尝试。这一尝试也导致了IFRS规定在母公司报表中采用成本法而在合并报表中采用权益法核算对合营企业和联营企业的股权投资。

3.2　股权投资会计规则的理论评价与分析

前文梳理了股权投资会计规则的演变历程，并剖析了其演变的理论根源，得知现行股权投资会计规则主要是在决策有用财务报告目标主导下根据财务报告概念框架的推演逻辑推演而来的。但是根据财务报告概念框架的推演逻辑推演出来的股权投资会计规则自身在理论上或逻辑上是否真的完美无缺了？是否能在实务中得到有效执行？是否真的能使股权投资会计信息达到"决策有用"的预期目标？为了回答这些问题，本节主要从股权投资的分类、初始计量和后续计量三个方面的规定对股权投资会计规则的合理性和有效性进行理论评价，并演绎分析现行股权投资会计规则可能带来的经济后果。

3.2.1　股权投资分类的理论评价与分析

按照客观适当的标准对股权投资进行分类是对其进行后续计量的前提。现行股权投资的分类标准有影响能力、管理层意图以及市场状况这三大类。具体而言，首先根据投资单位对被投资单位的财务和经营政策的影响能力，将股权投资划分为具有控制、共同控制、重大影响，以及"三无投资"（即不具有控制、共同控制或重大影响的股权投资）这四种，前三种属于长期股权投资，最后一种"三无投资"则需要进一步划分；其次，判断"三无投资"的市场状况，即在活跃市场中是否有报价，公允价值能否可靠计量。如果"三无投资"在活跃市场中没有报价，公允价值不能够可靠计量（即"四无投资"）则列入长期股权投资，否则列入金融工具，而对于金融工具还需进一步划分；最后，根据管理层意图对金融工具进一步划分为交易性金融资产和可供出售金融资产。现行股权投资分类的流程图如图3-1所示。

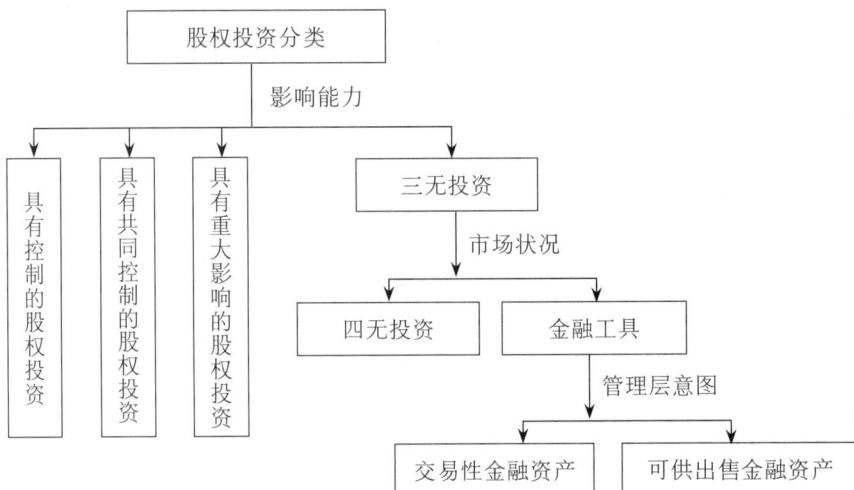

图3-1 现行股权投资分类的流程图

注：图中的"影响能力""市场状况""管理层意图"指股权投资的分类标准；"三无投资"是指对被投资单位不具有控制、共同控制或重大影响的股权投资；"四无投资"是指在活跃市场中没有报价、公允价值不能可靠计量的"三无投资"。

资料来源：作者根据股权投资会计规则的相关规定整理而来。

股权投资如此分类主要是由决策有用财务报告目标主导下根据财务报告概念框架推演而来的。现行股权投资的分类规定理论上应该逻辑严密，但实际上却存在混乱，甚者存在相互冲突的地方。鉴于此，本书对股权投资的分类和分类标准存在的局限性和不足进行理论评价，并演绎分析其可能带来的经济后果。

股权投资的分类由过去按照流动性（或持有时间长短）分为两大类，演变成现如今的按照影响能力、管理层意图和市场状况这三个分类标准分为三大类。股权投资的类别和分类标准均变多了，且出现了较为混乱及可操作性不强等问题，从而也导致了实务陷入了混乱和争论中。

1.股权投资的分类较为混乱

（1）股权投资的三个分类标准缺乏较为严密的逻辑关系，很可能导致执行过程中的混乱。"影响能力"是指投资企业能够对被投资企业财务和经营政策施加影响程度的大小，代表一种能力；"管理层意图"是指投资企业持有被投资企业的股权是否为了短期出售从而获利，代表一种目的；"市场状况"是指对被投资企业的股票在活跃市场中是否有报价、公允价值能否可靠计量，强调股权投资计

56

量属性的可计量性。从这三个分类标准的定义来看，股权投资的分类标准在逻辑上并没有严密的关系，如并列或者递进关系。

（2）"市场状况"这一分类标准在逻辑上存在冲突。如果认可对"三无投资"按照其市场状况进一步划分为金融工具或长期股权投资这一规定的合理性，那么为什么在将股权投资进一步划分为具有控制、共同控制或重大影响的长期股权投资时则无需考虑其市场状况了呢？公允价值已经被视为最为相关的资产计量属性，因此在现行股权投资会计规则中对能够可靠计量其公允价值的交易性金融资产和可供出售金融资产采用公允价值计量。既然公允价值最为相关，也最能满足决策有用财务报告目标，那么长期股权投资为什么就不按照其公允价值能否可靠计量进行分类呢？一般而言，被列入长期股权投资的股权投资也有可能对其公允价值进行可靠计量，如持有上市公司的股票。按照财务报告概念框架的推演逻辑也需要对这一部分的股权投资按照公允价值计量才最符合决策有用目标。但现行股权投资会计规则却不考虑这部分股权的公允价值，这样的规定存在逻辑上的相互矛盾性。

（3）可供出售金融资产这一股权投资分类缺乏合理的理论依据。《企业会计准则第22号——金融工具确认和计量》规定按照管理层意图将股权投资划分为交易性金融资产和可供出售金融资产。相对而言，交易性金融资产的定义较为清晰，但是现行股权投资会计规则并没有给出可供出售金融资产的明确定义，而是将除了交易性金融资产、持有至到期投资以外的其他金融资产直接指定为可供出售金融资产。何谓"直接指定"？如果按照可供出售金融资产"可供出售"的字面意思理解，这部分股权投资目的也是为了出售的。既然也是为了出售，那么与为了短期内出售的"交易性金融资产"又有何区别？为何要将都是为了出售的股权投资按照主观性极强的管理层意图这一分类标准划分为两类不同的资产项目，进而采用两套不一样的规则进行会计处理呢？相关资料未给出股权投资这一分类的合理解释，周华在其2011年的《会计理论》工作稿中指出可供出售金融资产实际上是FASB的一种折中结果，并没有任何的理论依据。

现行关于股权投资分类的相关规定除了逻辑性不强外，也缺乏较为合理的理论依据，从而很可能导致实务中可操作性不强，或者被企业管理当局操纵。下文举例说明，实务界在执行股权投资会计规则过程中存在的混乱现象。

案例3-1：招商轮船（601872）在2006年12月1日首次公开发行时，向中海发展、中集集团、深圳华强等14家战略投资者定向配售，限售期为12个月。中海发展、中集集团、深圳华强在2007年半年报中，对各自所持有的招商轮船的股份的会计处理却不尽相同，从而导致财务报表所反映的企业财务状况和经营成果大相迥异（见表3-8）。

表3-8　　　　　　　　**部分公司持有招商轮船股权的分类和会计方法情况**

公司名称	持股数量	会计分类	会计方法	对财务状况/经营成果影响
中海发展	2 000万股	交易性金融资产	公允价值法（损益）	确认0.6亿元公允价值变动损益
中集集团	5 000万股	可供出售金融资产	公允价值法（权益）	确认1.2亿元资本公积
深圳华强	5 000万股	长期股权投资	成本法	无影响

　　资料来源：来自中海发展、中集集团和深圳华强的2007年半年度报告。图表自制。

　　根据表3-8列示的中海发展、中集集团和深圳华强持有招商轮船股权的分类和会计处理方法情况来看，可以推断这三家公司均未能够对招商轮船进行控制、共同控制或者重大影响。因为，按照现行关于股权投资分类的相关规定可知，只有"三无投资"（即不具有控制、共同控制或重大影响的股权投资）才需要根据其市场状况进一步划分为交易性金融资产或可供出售金融资产，抑或是列入采用成本法核算的长期股权投资。

　　此外，根据中海发展、中集集团和深圳华强对持有招商轮船股权的分类情况，可以进一步推断，中海发展和中集集团认为招商轮船的股权存在活跃市场，但深圳华强则认为招商轮船的股权不存在活跃市场，其公允价值不能可靠计量。中海发展、中集集团与深圳华强的分类差异主要在于对招商轮船股权的市场状况的判断不同，也一定程度上表明由于股权投资分类的相关规定存在缺陷，且缺乏明确的操作指引，从而导致企业在执行过程中存在较为混乱的情况。

　　中海发展、中集集团和深圳华强对于各自所持有的同一性质的股份划分为不同类型的股权，并采用不同的会计方法进行核算，从而对企业的财务状况和经营成果产生了巨大不同的影响。持股比例相同，但由于对股权投资市场状况的判断不同，导致中集集团确认了1.2亿元的资本公积，而深圳华强却不进行资产或损益调整。虽然持股比例不同，但影响能力及市场状况均相同，却由于主观性管理层意图极其的不同，导致中海发展确认了0.6亿元的公允价值变动损益，影响企业的会计盈余。这些财务数据能否客观真实反映了股权投资活动的实际价值令人质疑。看似由于股权投资会计规则执行过程导致的经济后果，实际上主要是由于现行关于股权投资分类的相关规定存在混乱，在理论上缺乏合理依据所导致的。

　　2.股权投资分类标准的可操作性差且极易被操纵

　　股权投资除了分类存在混乱且缺乏合理理论依据外，其分类标准的判断也存在困难。"管理层意图"是将股权投资列入交易性金融资产或可供出售金融资产的标准；"市场状况"是将股权投资列入长期股权投资或金融工具（即交易性金融资产和可供出售金融资产）的标准；"控制""共同控制"和"重大影响"是将股权投资划分为对子公司投资、对合营企业投资或对联营企业投资的标准，且"控制"和"重大影响"这两个分类标准是成本法或权益法适用的分界点。股权投资这几个分类标准存在的一些缺陷具体阐释如下：

（1）"管理层意图"缺乏合理性且易被操纵

管理层意图是一个较为模糊且主观性极强的概念，而且也较难获取和判断企业管理当局的意图，即使能够获取或判断投资企业管理层的意图，但也难以判断其意图的真实性。此外，管理层意图也时刻在变。按如此主观且难以把握的标准对股权投资进行分类，并采用不同的会计方法进行核算，较难满足可靠性（如实反映）这一有用财务信息的质量特征要求。另外，实务界专业人士普遍认为管理层意图这一股权投资的分类标准缺乏合理性（见本书第5章调查研究结果），而且学术界也认为管理层意图这一分类标准没有理论依据，实际上是美国FASB为了调和美国证监会和美联储的争论而采取的一种折中办法（周华，2011）。由于管理层意图缺乏理论依据，而且主观性较强，也无法被观测，所以较为容易被企业管理当局所操纵。

（2）"市场状况"缺乏合理性且可操作性差

市场状况的判断标准是指股权投资在活跃市场中是否报价，公允价值能否可靠计量。而对公允价值的估计有三个层级方法，相对而言，第三层级的模型估计较为困难。在实务界人士普遍反映对公允价值的估计存在可操作性差问题，尤其是当股权投资不存在活跃市场时，根据公允价值计量的第三个层级去估计时，公允价值的估计难度更高。但如果不对公允价值进行估计，则无法对股权投资的公允价值能否可靠计量进行判定。因此，对股权投资的市场状况进行判断也加大了实务工作人员的会计处理难度和工作量，同时也给企业管理当局在会计处理过程中提供了弹性。

（3）"控制"的判断存在困难且易被操纵

控制的判断标准由过去的持有绝大多数（大于50%）资本额，变成持有绝大多数（大于50%）表决权比例，再演变到现行的实质性控制。控制的判断标准已经冲破了法律界限，强调对控制进行判断的其他经济事项。因此，"控制"这一原本就比较模糊的概念，在判断上就变得更加的困难。此外，在理论界和实务界关注较少的股权投资会计"共同控制"的分类标准在很多情况下与"控制"也可能只存在一些细微的差异（Milburn和Chant，1999），因此也容易导致实务中存在对"共同控制"和"控制"界限判断不清的情况。

另外，现行股权投资会计规则规定对被投资单位具有"控制"的股权投资需要纳入合并报表范围，且在母公司报表中采用成本法而不是权益法进行核算。而对于纳入合并范围的股权投资，需要百分之百而不是仅根据持股比例，确认被投资单位财务状况或经营成果对投资单位的影响。而对于权益法下核算的股权投资，则需要根据持股比例确认，被投资单位财务状况或经营成果对投资单位的影响。相对于权益法而言，将被投资企业纳入合并报表范围对投资企业财务状况和经营成果的影响更大。因此，"控制"这一股权投资分类标准也更可能被投资企业管理当局用于最大化企业的资产规模和利润规模。

（4）"重大影响"可操作性较差且易被操纵

"重大影响"这一概念最早出现在1971年英国颁布的SSAP第1号第13段和美国颁布的APB意见书第18号第17段关于联营企业（associate company）的定义中。由这两份文件对联营企业的定义可知，重大影响是指投资企业能够参与被投资企业的财务和经营政策，但不能够控制或与其他方一起共同控制被投资企业的财务和经营政策。之后，欧共体在1983年发布的第7号公司法指令第33（1）条款也沿用了英国SSAP第1号和美国APB意见书第18号文件中关于联营企业的定义。但是，相对于"控制"而言，"重大影响"这一概念显得更加的模糊（也更加难以审计）。由于"重大影响"概念的模糊性也可能导致企业会计人员在会计实践中对重大影响的判断存在困难（Chambers，1974）。本书通过对企业专业人士的访谈和问卷调查也佐证了对重大影响进行判断的可操作性比较差这一点。因此需要给出重大影响判断标准在实务中的操作指南，其中，投资企业能够在被投资企业董事会中派驻董事就是重大影响的一个典型操作指南。

①根据重大影响的定义和判断标准的操作指南可知，重大影响强调的是一种能力（ability），但并未明确界定是否需要去实施这一能力。因此，实务中可能存在投资企业有能力去参与被投资企业财务和经营的决策，但却不去参与实施的情形。那么如此情境下是否属于重大影响，还能否采用权益法？给实务操作带来了判断困难和争论，以下举例说明。

案例3-2：A公司是一家面包企业，有57家面包店分布在美国东北部。詹姆斯是A公司的创始人，拥有A公司100%的股份。近年来由于业务扩展，公司资金面临紧张，为了避免破产，詹姆斯将其持有的33.33%股份卖给了朋友所经营的B公司。年末，B公司的会计师对所在公司是否对A公司的财务和经营政策具有重大影响力产生了不一致的意见。分歧体现在：一部分会计师认为不具有重大影响，认为对A公司股份的购买行为实质上属于贷款行为，一旦A公司盈利，詹姆斯则会回购这部分股份，而且B公司也没有参与A公司的经营，所以不具有重大影响；另外一部分会计师则认为具有重大影响，认为虽然不参与A公司的经营，但是有能力去参与A公司的经营，所以具有重大影响。B公司会计师对重大影响判断的争论焦点在于是否需要实际执行这一影响力。对于这一点股权投资会计规则并未给出明确的规定，所以导致实务中存在争论。

②根据重大影响的定义无法判断上述案例3-2中B公司会计师的孰是孰非，

也一定程度上表明重大影响是一个较为模糊的概念，而且可操作性差。也因此，需要对重大影响的判断给出一个定量标准，在股权投资会计规则的演变历程中20%的持股比例曾经一度成为了是否具有重大影响的判断标准（后被取消但仍可作参考）。但20%持股比例界限的出现非常偶然。这一持股比例来自英国中的实务做法[①]，在美国是一种妥协的结果[②]，欧共体成员国则是对美国和英国规定的趋同[③]，鉴于此，20%的持股比例毫无悬念地被引入了国际会计准则[④]中，从此，成为了国际惯例。但以20%持股比例作为重大影响判断标准的"明线"（bright-line threshold），这一界限可能导致企业管理层通过调整对被投资企业持股比例来避免不利的财务业绩（Comiskey 和 Mulford，1986；Barefield 和 Comiskey，1972）。也因此后来取消了20%持股比例这一标准，但仍然可以将其作为权益法起始使用的参考标准。在我国2006年2月颁布的《企业会计准则》中关于股权投资会计的相关规定，已经看不到以20%持股比例作为权益法使用的标准，但是在我国实务中仍有公司按照这一标准来判断重大影响。

从以上的评析可以推断，重大影响既是一个较为模糊的概念，又是一个可操作性不强（可审计性也不高）的标准。即使在股权投资会计实践中不考虑以20%股权比例作为权益法起始适用的界限，而是根据经济实质判断重大影响力，如果没有给出判断重大影响的全面清晰的操作指南，那么也很有可能使得会计实务陷入"公说公有理，婆说婆有理"的混乱和争论之中。

3.2.2　股权投资初始计量规则的理论评价与分析

现行股权投资初始计量的规则规定采用公允价值对交易性金融资产和可供出售金融资产进行计量，而对于长期股权投资则按照形成的方式不同分别以历史成本或公允价值为计量基础进行初始计价。长期股权投资区分为企业合并形成和企业合并以外方式形成[⑤]：（1）对于企业合并形成的，则按照在形成企业合并之前控制方式的不同，进一步区分为形成同一控制下和非同一控制下企业合并的股权投资，进而分别以历史成本或公允价值为计量基础进行初始计量；（2）对于企业

---

① IAS25 是指在 1987 年首次生效，且在 1994 年重新进行排版的《国际会计准则第 25 号：投资会计》；IAS39 是指在 1999 年 3 月发布的《国际会计准则第 39 号——金融工具：确认与计量》。
② 只有坚持"实质重于形式"原则才能超越法律主体，以集团主体作为财务报告的编制主体。
③ 因为当时企业出现了以不同持股比例作为权益法使用的最低界限，但是比较分析后得知 20% 的比例是当时实务中采用权益法的最低比例，如：Ropes 公司在 SSAP 第一份征求意见稿发布之前，就在首次会计信息披露时对持股比例为 20% 的股权投资采用了权益法（Holmes，1970）。出于包容会计实务惯例，1971 年 1 月 ASSC 在发布的标准会计实务公告第 1 号中规定以 20% 的持股比例作为权益法起始适用的界限。
④ 最初 FASB 坚持以 10% 的持股比例作为重大影响的判断标准，而美国 SEC 则坚持以 25% 持股比例，但是英国在 1970 年采用了 20% 的比例，而国际协调是有利的（Journal，1970），所以美国在 1971 年 APB No.18 中规定将直接或间接持股比例以 20% 判断为具有重大影响。
⑤ 虽然国际上一些其他国家采用过其他比例作为重大影响的判断标准，如荷兰的 25% 和法国的 33.3%，但是英国和美国在会计实务中有优势（Diggle 和 Nobes，1994）。欧共体理事会在公司法指令 1976 年草案，1978 年第 4 号指令和 1983 年第 7 号指令都采用了 20% 的比例，从而被强制写入欧盟大多数国家的法律中。

合并以外方式形成的①，则又按照取得途径不同采用不同的计量属性进行初始计量。以支付现金、发行权益性证券、债务重组取得的长期股权投资，以及投资者投入的长期股权投资均以公允价值为计量基础进行初始计量；对于以非货币性资产交换取得的长期股权投资则又需要进一步区分是否具有商业实质分别以历史成本或公允价值为计量基础进行初始计量。现行股权投资初始计量规则对于股权投资初始投资成本计量规定的流程图如图3-2所示。

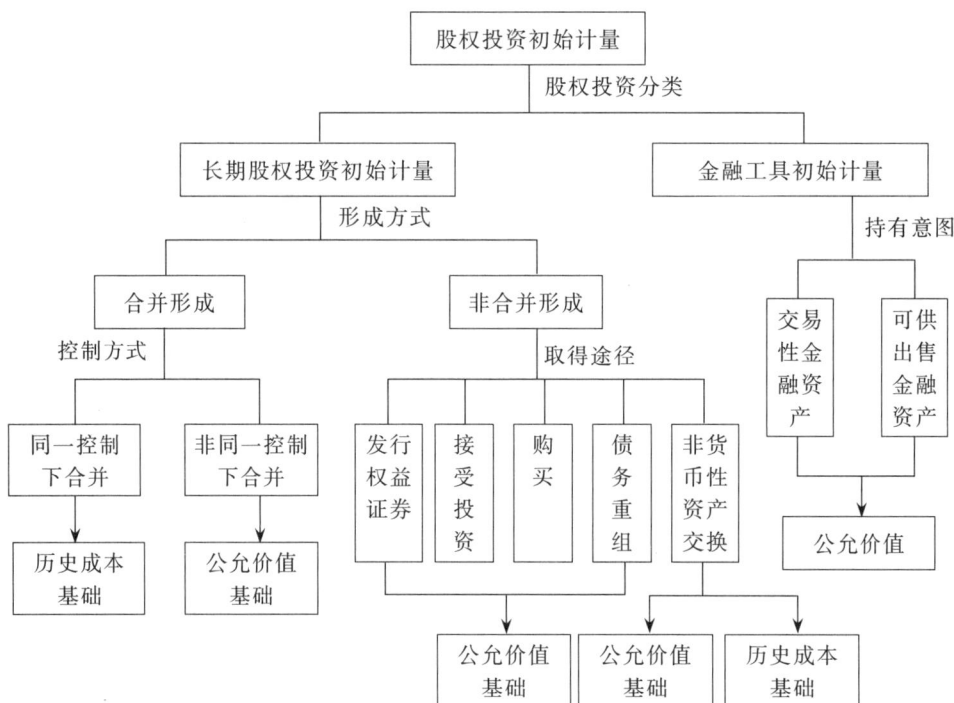

图3-2　现行股权投资初始计量的流程图

资料来源：作者根据我国现行股权投资会计规则的相关规定整理而来。

1. 以历史成本和公允价值为计量基础的股权投资成本之辨

由图3-2列示的情况可知，股权投资初始投资成本分别以历史成本和公允价值为计量基础进行计量，而历史成本和公允价值又是两种不同的计量模式，强调重点不同。无论历史成本基础还是公允价值基础的股权投资成本计价都是受到会计目标的影响。（1）在传统受托责任观下，资产计量模式以历史成本为基础，强调客观证据和可验证性，并在静态环境中考察企业（尤其资产）的变化（葛家澍、刘峰，2003）。资产以取得时的实际成本计价，股权投资也不例外。（2）二战后（尤其是20世纪70年代后），经济环境的变化引起了会计理论的变革，会计

① 首次出现在IASB于1976年6月发布的IAS第3号《合并财务报表》中，之后又被1989年4月IAS第27号《合并财务报表和个别财务报表》和第28号《对联营企业投资的会计处理》所延续。

学界试图以资产"价值"取代传统的资产"出本状况"(Philips，1963)，资产估值越来越多地采用体现公允价值理念的计量模式，如脱手价格、重置成本以及未来现金流量现值等。葛家澍等（2003）指出市场价格既是公允价值计量属性的核心概念，也是公允价值理念最为相关的计量属性，而葛家澍、刘峰（2003）也指出会计计量应考虑环境的动态性，而价格波动就是环境动态性的特征，因此，公允价值理念强调资产计量的动态客观性，在动态环境中考察企业资产的变化。如果承认会计计量的动态性，那么股权投资计量以公允价值为基础就显得顺理成章了。

但关于历史成本基础和公允价值基础对股权投资进行初始计价的合理性的比较分析却较少从其他角度进行。在财务信息质量特征的合理性上，由于以历史成本为基础进行的股权投资初始计价具有客观证据、可验证性强，相对而言，历史成本原则下提供的股权投资账面价值的可靠性（如实反映）得到了合理保证。由于以公允价值为基础进行的股权投资初始计价可验证性差，相对而言，其可靠性（如实反映）并不强。Littleton[①]（1953）指出"如果计量模式的客观性被削弱了，那么企业管理当局就可以随心所欲地改财务报表数字"。在经济、社会、法律等环境还不具备的情况下，贸然采用历史成本以外的计量模式，会计信息的可靠性（如实反映）是无法得到合理保证的。这样的疑虑已经得到大量的事实证明。

2.股权投资初始计量规定有可能存在被操纵的缺陷

现行股权投资初始计量根据股权投资的不同取得方式而分别以不同的计量属性作为计量基础，看似更为详细且有针对性，但是按照不同的形成方式分别以历史成本或公允价值为基础进行计价存在一些逻辑性问题。"企业合并"是一种结果，强调对被投资企业达到控制程度；企业合并下的"同一控制"与"非同一控制"强调在取得股权投资之前投资单位与被投资单位之间的关系；而"企业合并以外的其他方式"强调的是投资对价的方式。实际上，形成企业合并的股权投资的支付对价也无外乎是支付现金、付出非货币性资产、发行权益证券或者承担债务等，并不能在逻辑上排除《企业会计准则第2号——长期股权投资》列示的非企业合并方式取得股权投资的方式。

股权投资的初始投资成本按照取得的方式不同，分别进行计价的规定在逻辑上存在不严密性，必然会给实务界在执行准则过程中带来障碍和问题。此外，不同的计价基础对企业财务状况和经营成果的影响也不同，所以还可能导致企业利用股权投资初始计量规定的不严密性进行盈余操纵。下文通过案例3-3阐述说明

---

① 虽然2013年的注册会计师考试教材《会计》在中国人民大学戴德明教授的建议下，将长期股权投资的取得方式由过去的"企业合并形成"和"企业合并以外方式形成"改为了"形成控股合并的长期股权投资"和"不形成控股合并的长期股权投资"，但是我国会计规则并未做出相应的调整。为了更好地说明问题，本书还是沿用股权投资会计规则之前的称谓。

这一问题。

案例3-3：A和B公司均属于集团公司S旗下的两家子公司。2013年10月A公司以1 000万股（面值1元/股，市价5元/股）股票取得B公司60%的股权，属于股权投资会计规则中规定的"同一控制下的企业合并"，采用"权益结合法"进行反映。合并当日B公司所有者权益账面价值为10 000万元，则A公司在合并当日确认的长期股权投资成本为6 000万元（10 000×60%），确认资本公积为5 000万元（6 000-1 000）。

这一会计处理按照规则进行处理，看似没有问题，但当A公司只取得B公司30%的股权而非60%股权时，问题就出现了。根据持股比例可知A公司对B公司尚未构成控制，并未达到企业合并，所以不能根据"同一控制下企业合并"情形来处理。但实际上这一股权投资行为仍然发生在集团内部（取得投资前均属于集团公司S旗下的子公司），属于集团内部资源的整合，应该采用权益结合法，确认长期股权投资为3 000万元（10 000×30%），资本公积为2 000万元（3 000-1 000）。但根据会计规则关于股权投资初始计量的相关规定可知，此情形属于企业合并以外的其他方式中，以发行权益性证券取得的股权投资，应以发行权益性证券的公允价值作为股权投资的初始投资成本，即确认长期股权投资成本为5 000万元，资本公积为4 000万元（5 000-1 000）。股权投资初始投资成本根据"取得情形"不同而分别采用两种不同计量属性作为计价基础而导致的股权投资初始成本差异为2 000万元（5 000-3 000），资本公积差异为2 000万元（4 000-2 000）。

若上述的股权投资取得方式是以非货币性资产交换或者债务重组方式取得，则有可能形成"营业外收入"，影响企业的会计盈余。由于股权投资初始计量按照逻辑不清的形成方式以历史成本和公允价值为基础进行计价，而这两种计价基础又是两种本质完全不同的计量模式，对于同一股权投资的初始计价可能产生大相迥异的会计信息。

一般而言，会计信息使用者更为关注股权投资价值的变动，即持有期间股权投资账面价值是否发生增值或减值，对于股权投资的初始投资成本关注则较少。但是股权投资初始入账价值是基准，如果这一基准的可靠性得不到保证，那么股权投资价值变化的信息有用性就会被削弱。此外，股权投资初始计量规则存在的一些缺陷，且在实务中存在被操纵的空间，导致以公允价值为基础进行的股权投资初始计价甚至有可能发生误导作用。

3.2.3 股权投资后续计量规则的理论评价与分析

现行股权投资后续计量的方法主要有成本法、权益法和公允价值法。其中公允价值法还进一步区分为公允价值法（计入损益）和公允价值法（计入权益）两种。股权投资后续计量的这几种方法使用于不同的情形。在母公司报表中，采用成本法核算对子公司投资及"四无投资"；采用权益法核算对合营企业和联营企业的股权投资；采用公允价值法对存在活跃市场的"三无投资"进行核算，进一步按照管理层意图将存在活跃市场的"三无投资"划分为交易性金融资产和可供出售金融资产，且分别采用公允价值法（计入损益）和公允价值法（计入权益）进行核算。现行股权投资后续计量的流程如图3-3所示。

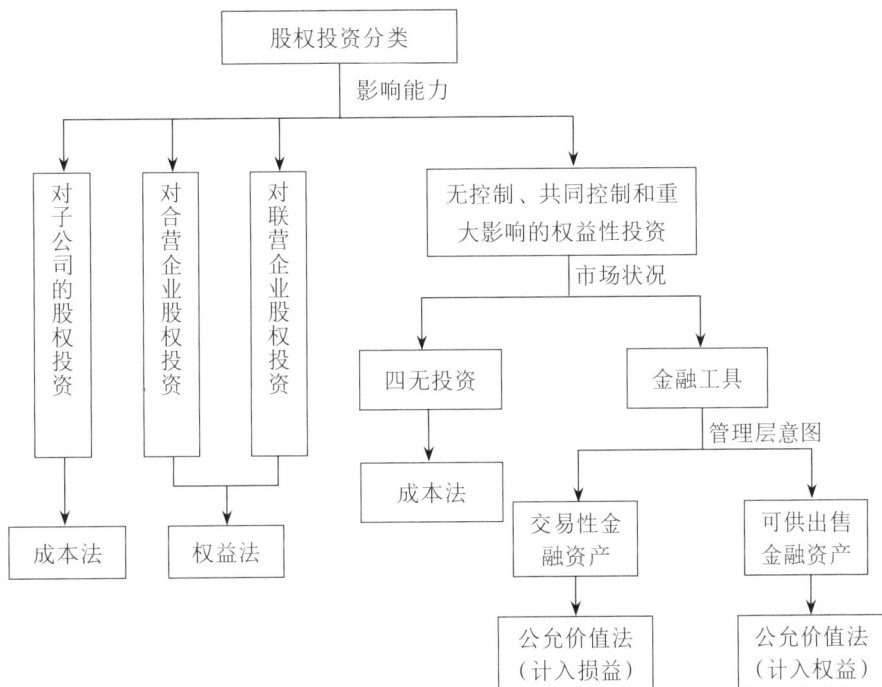

图3-3 现行股权投资后续计量的流程图

资料来源：本书根据我国现行股权投资会计规则的相关规定整理而来。

1.股权投资后续计量方法的辨析

表3-9列示了股权投资后续计量方法的适用范围和核算要点。根据成本法、权益法和公允价值法的核算要点可以直观地判断，权益法的核算程序相对而言较为复杂繁琐，成本法和公允价值法的核算要点较为简单。

根据成本法、权益法和公允价值法的核算要点，可以推断股权投资后续计量的这三种方法各自的确认基础、计量基础以及优缺点等各不相同，比较情况见表3-10。由表3-10列示的情况可知，按照成本法生成的股权投资会计信息除了存在相关性较差的缺点外，其优点较多，主要体现在按照成本法核算的股权投资会计信息的可靠性（如实反映）较强，确认的投资收益与现金流在时间上较为一致，与税法关于股权投资收益确认规定也较为一致，而且按照成本法核算程序也

表3-9 **股权投资后续计量方法的适用范围与核算要点**

方法	适用范围	核算要点	
成本法	对子公司投资；四无投资	（1）取得时，按照初始投资成本入账；（2）持有期间，收到现金股利或利润，确认投资收益；（3）除非追加或收回投资时，才调整股权投资账面价值	
权益法	对合营企业投资；对联营企业投资	（1）取得时，按照初始投资成本入账，且考虑股权投资差额；（2）持有期间，被投资企业实现净损益，确认投资损益，并调整股权投资账面价值；（3）收到现金股利或利润，调减股权投资账面价值；（4）持有期间，被投资企业其他权益变动，确认权益，且调整股权投资账面价值	
公允价值法（计入损益）	交易性金融资产	（1）取得时和期末按照公允价值反映股权投资账面价值；（2）持有期间，收到现金股利确认投资收益	持有期间，公允价值变动计入损益
公允价值法（计入权益）	可供出售金融资产		持有期间，公允价值变动计入权益

资料来源：本书根据我国现行股权投资会计规则的相关规定整理而来。

较为简单。相对而言，按照权益法和公允价值法生成的股权投资会计信息除了存在相关性较强的优点外，各自的缺点较多，主要体现在按照权益法和公允价值法生成的股权投资会计信息的可靠性（如实反映）较差，而且权益法和公允价值法容易沦为盈余管理工具或手段。此外，权益法的核算程序较为复杂繁琐，而且权益法下根据应享有被投资单位净利润的份额确认投资收益，进而调整股权投资的账面价值，这一规定与财务报告概念框架中关于资产的定义相互冲突。

表3-10 **股权投资后续计量方法优缺点的比较情况**

项目	成本法	权益法	公允价值法
确认基础	收付实现制，强调法律形式重于经济实质	权责发生制，强调经济实质重于法律形式	部分悖离权责发生制和收付实现制
计量基础	历史成本	公允价值	公允价值
重视的信息质量特征	可靠性（如实反映）	相关性	相关性
优点	核算简单；收益和现金流在时间上一致；投资收益确认与税法规定一致；比较稳健、信息可靠性强	会计信息相关性强	会计信息相关性强
缺点	会计信息相关性较差	比较复杂繁琐；收益确认与现金流在时间上不一致；与概念框架中资产定义相冲突；易沦为盈余管理的工具	公允价值计量较困难；易沦为盈余管理工具或手段

资料来源：本书根据相关资料整理而来。

2.股权投资后续计量规定的分析与评价

由图3-3列示的股权投资后续计量的流程情况可以直观地判断，股权投资的分类是其后续计量的前提，那么股权投资分类存在的问题也会影响后续计量。此外，现行股权投资会计规则中关于后续计量方法的适用规定也存在一些自相矛盾之处，如在母公司报表中，采用成本法核算具有控制和"四无"的长期股权投资（"两头"），采用权益法核算具有共同控制或重大影响的长期股权投资（"居中"）。判断成本法或权益法适用标准时，只考虑对被投资单位的影响程度，并不考虑股权投资的市场状况，而对于"三无投资"则需要考虑其市场状况外，进而选择采用成本法或公允价值法。从这一点来看，股权投资后续计量方法的适用规定也存在逻辑上的混乱之处。

另外，按照管理层意图不同分别采用公允价值法（计入损益）或公允价值法（计入权益）对股权投资进行核算的规定也缺乏合理性。此外，管理层意图是一个非常模糊且主观性很强的概念，而且很难获取管理层的意图，即使能获取管理层的意图，也很难判断其意图的真实性。从这一点来看股权投资后续计量方法的适用规定存在较大的会计弹性，有可能给企业管理当局提供了盈余操纵的机会和空间。

根据以上的分析与评价，可以推断股权投资会计方法的适用规定存在逻辑混乱，而且适用标准较为模糊，从而导致在实务中可操作性较差，且对于采用何种核算方法也存在混乱与争议。在我国的会计实务中存在一个较为典型的案例[①]，即深圳市创新投集团有限公司（以下简称创新投）对于潍柴动力股份有限公司（以下简称潍柴动力）的股权究竟采用成本法还是权益法进行核算？主要的争议在于创新投前后聘请的会计师事务所关于其持有潍柴动力股权是否达到重大影响的判断存在差异。我国2001年版和2006年版的股权投资会计规则和相应指南分别给出了"重大影响"的含义和判断"重大影响"的五种具体表现。但从规则指南来看，对于权益法和成本法的内涵和外延并没有严谨的界定，从而导致了股权投资会计处理实务容易出现争议。

创新投是一家国有的创业投资机构，2002年与其他8家公司共同发起设立了潍柴动力，且持有潍柴动力10%的股权，与其他公司并列为第三大股东。2004年潍柴动力成功在香港上市，创新投持有潍柴动力股权比例摊薄至6.52%，仍然与其他公司并列为第三大股东。创新投认为其能够对潍柴动力的财务和经营决策施加重大影响，所以一直采用权益法对该项股权投资进行会计核算。这一股权投资会计方法也得到一直为创新投提供审计服务的一家内资会计师事务所的认可。

---

① 《企业会计准则第2号——长期股权投资》只列示了5种企业合并以外其他方式形成的股权投资，所以在图3-2中未列示其他途径形成的股权投资。

但在2005年7月创新投更换了一家外资会计师事务所对其财务报表进行审计时，该外资所认为创新投持有潍柴动力的股权比例不足20%，采用权益法核算的依据不足，而应该采用成本法进行核算。

创新投与其2005年以前聘请的内资所则认为，根据《企业会计准则——投资》指南列举的重大影响的五种表现可知，其对于潍柴动力具有重大影响。依据体现在以下几点：（1）对潍柴动力股权结构的分析可知，潍柴动力并不存在控股股东；（2）创新投在潍柴动力第一届董事会中派驻一名董事，该董事兼任潍柴动力董事会下薪酬委员会委员且参与薪酬政策的制定过程；（3）该董事由于具有专业投资背景，因此在2004年被委任为潍柴动力投资总监，负责潍柴动力对外投资等资本运营活动。

成本法和权益法下股权投资账面价值和确认的投资收益存在巨大差异。表3-11列示了创新投采用不同会计方法对其持有潍柴动力的股权进行核算时，确认的股权投资账面价值以及股权投资收益情况。

表3-11　　　不同会计方法下股权投资账面价值和投资收益的对比分析　　　单位：万元

年度	股权投资账面价值			投资收益		
	成本法	权益法	差异	成本法	权益法	差异
2003	2 150	4 495	−2 345	430	2 775	−2 345
2004	2 150	7 363	−5 213	645	3 513	−2 868

资料来源：陈玮，乔旭东，巫升柱，汤明安. 权益法还是成本法——从"创新投"案例看创业投资企业会计规范［J］. 会计研究，2006（1）：30–35.

根据潍柴动力年度报告可知，潍柴动力的经营业绩优良，但却少有分配现金股利，而创新投管理层的薪酬又与会计业绩挂钩。如果采用成本法核算持有潍柴动力的股权投资，那么2003年和2004年确认的投资收益仅分别为430万元、645万元，相比于权益法下确认的投资收益分别少2 345万元和2 868万元，进而减小创新投的会计盈余，最后可能影响创新投管理层的薪酬。这也是创新投管理当局努力游说会计准则制定机构允许其按照权益法核算对潍柴动力股权投资的动机所在。另外，根据这一典型案例也不免引人思考，现行股权投资会计分类标准的判断以及会计方法的选择究竟是基于委托人（投资者）还是代理人（管理者）的利益？

3.3　利用股权投资会计规则调节利润的演绎分析

前文已经从理论和上市公司典型案例中讨论了由于我国现行股权投资会计规则存在的缺陷导致了利润调节的理由和事实。下文尝试采用模拟演绎方法把理论和个案中利用股权投资会计方法调节利润的可能性推导至一般性。

3.3.1 利用股权投资会计方法的转换调节利润的演绎分析

下文以股权投资会计处理方法转换为例，模拟演绎分析企业管理当局通过关联企业或控股企业的控制关系调整股权安排，达到转换股权投资会计方法从而实现调节利润的目的。

1. 上市公司存在非上市母公司的情形

假设S公司是非上市母公司控股下的上市子公司，其旗下有A、B、C和X4家子公司，联营企业E和F，以及拥有D公司19%的股权。另外，D公司和G公司分别是非上市母公司M旗下的合营企业和非上市子公司。集团内部各层级公司的关系如图3-4所示。

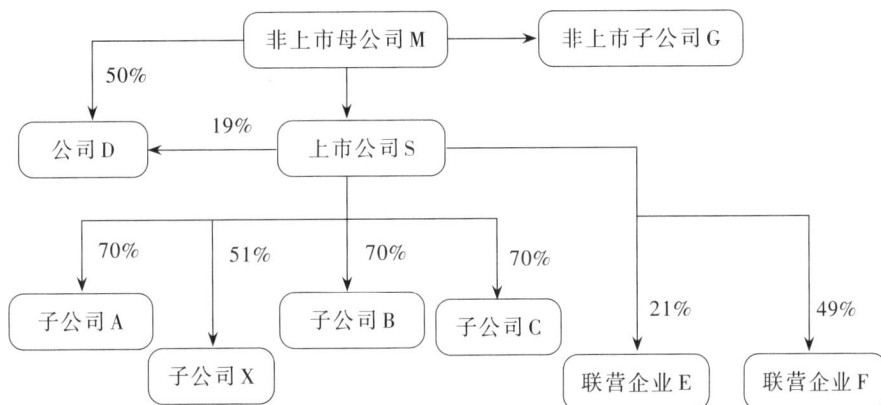

图3-4 存在非上市母公司的公司股权结构图

另外，假设上市公司S持有旗下子公司A、B和C公司的股权比例均为70%，持有子公司X的股权比例为51%，持有联营企业E的股权比例为21%。上市公司S对子公司A、B、C和X采用成本法进行核算，且同时将该4家子公司纳入合并报表范围；对联营企业E和F则采用权益法进行核算；对持有公司D的股权采用成本法进行核算。

（1）假设子公司X本年度发生净损失为3 000万元，由现行股权投资会计规则可知X公司的亏损不会影响上市公司S个别财务报表的净利润，但是却会影响合并财务报表的净利润。

原始情况：X公司本年度的亏损对S公司的净利润影响数=0，但是对合并报表净利润的影响数=−3 000万元。

假设上市公司S不愿意让合并财务报表利润受到当期子公司X亏损的影响，但暂时无法转让X公司的股权或者不愿意放弃子公司X时，S公司可以通过调整股权安排消除这一负面影响。

①S公司可以通过与非上市母公司M公司的股权调整，从而将子公司X排除在合并范围外，即将1%或1%以上的X公司的股权转让给非上市母公司M即可。如果认为此时拥有X公司小于等于50%股权已经丧失对A公司的控制能力，那么则可能拥有对X公司的共同控制或重大影响能力，此时采用权益法核算对X公司的股权投资，同时要确认对X公司亏损的分担额，这样会影响上市公司S的个别财务报表。假设S公司也不愿意自己的个别财务报表净利润受到X公司当期净亏损的影响，则需要将32%以上（包括32%）的X公司股权转让给非上市母公司M，此时，可以将X公司排除在合并报表范围外，且不影响母公司财务报表。

②S公司将32%以上的X公司股权转让给同为非上市母公司M旗下的非上市子公司G，也能达到同样的目的。

③为了达成消除X公司亏损对合并财务报表或者母公司财务报表净利润影响的目的，对于S公司持有X公司的股权除了可以转让给非上市母公司或非上市母公司旗下的非上市子公司外，还可以转让给S公司旗下的子公司，但是股权调整安排相对繁琐一些，可能涉及在集团内部多次的转让，针对此种情形的股权调整安排在下文的假设不存在非上市母公司的情形下进行分析，此处不做讨论。

（2）假设联营企业E公司和F公司本年度分别发生了5 000万元和6 000万元的净亏损，根据现行股权投资会计规则的规定可知，E公司和F公司的亏损对S公司个别财务报表净利润的影响数分别为-1 050万元和-2 940万元[①]。

若上市公司S公司不愿意自己的个别财务报表受到联营企业E公司和F公司亏损的影响，但又不愿转让或者暂时无法在二级市场转让E公司和F公司的股权，则可以在集团内部进行股权调整。

①对于E公司，可以将S公司持有E公司2%或2%以上的股权转让给旗下的A、B、C和X子公司，或者非上市母公司S和非上市母公司旗下的非上市子公司G，从而使得对联营企业E公司的股权投资核算由权益法转换为成本法，此时S公司无需再分担E公司的亏损，E公司的亏损对S公司个别财务报表净利润的影响数为零。

②对于F公司，可以将S公司持有其30%以上的股权转让给非上市母公司M或者非上市母公司其下的非上市子公司G，此时S公司持有F公司的股权比例低于19%，认定不再具有重大影响力，对F公司股权投资的核算方法由成本法转为权益法，从而消除了X公司亏损给S公司个别报表净利润带来的影响。

当然，S公司持有F公司的股权还可以通过与其旗下的子公司进行调整，但是此处不做讨论，在下文的不存在非上市母公司情形中进行分析。

（3）假设D公司本年度实现了8 000万元的净利润，但未发放现金股利或利润，由于S公司采用成本法核算对D公司的股权投资，所以当期确认该项股权投资收益为零，也意味着对D公司的股权投资未对S公司的个别财务报表净利润产生任何贡献。

再假设预期本年度S公司将发生1 000万元的亏损，一般而言，短期内又无法改善企业的经营业绩，如果S公司为了树立其良好的上市公司形象，避免会计业绩出现亏损，可以通过调整股权安排，实现股权投资会计处理方法的转换，从而可以通过确认股权投资收益增加S公司的会计业绩。如果S公司暂时无法从股票市场上购买D公司的股票，或者从股票市场获取D公司的股权代价太高，此时可以利用集团内部关联企业或控制关系调整股权，即非上市母公司M可以将其持有D公司1%的股权转让给S公司，此时S公司持有D公司的股权比例高达20%，认为能够参与D公司的财务和经营决策，可以采用权益法核算对D公司的股权投资，从而也可以分享D公司当期实现的净利润，即确认的投资收益为1 600万元[①]。如果不考虑其他的情况，集团内的股权调整，可以使得S公司本年度实现600万元的净利润[②]，实现了扭亏为盈。

不可否认，非上市母公司M公司将其持有D公司的股权转让给S公司的完全是合法的行为，而S公司认定此时其对D公司的财务和经营决策能够施加重大影响，所以此时对D公司股权投资会计处理方法从成本法转为权益法也是合乎股权投资会计规则的相关规定的。但是这样的股权调整对其会计报表中损益的杠杆作用也是非常明显的，因为S公司1%的股权变动能够实现1 600%[③]的净利润变动。

2.上市公司不存在非上市母公司的情形

假设除上市公司S公司不存在非上市母公司外，其他条件保持不变，此时S公司的股权结构如图3-5所示。

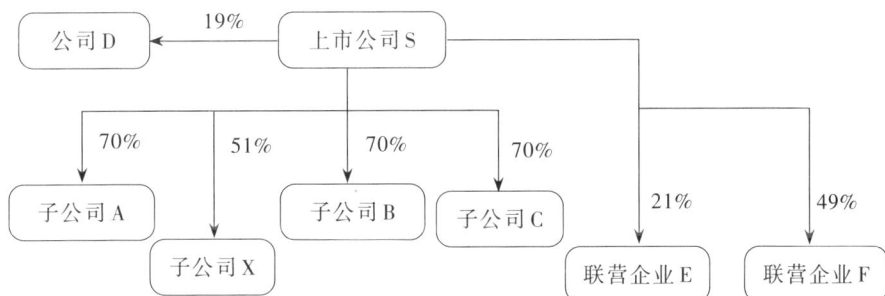

图3-5　不存在非上市母公司的公司股权结构图

---

① 针对深圳创新投集团是否应该采用权益法对潍柴动力的股权投资进行核算的争议，中国会计学会当时还临时举办了一次小型研讨会。
② S公司对E公司和F公司的股权投资均采用权益法进行核算，E公司本年度发生5 000万元净亏损，所以S公司确认对E股权投资损失=-5 000万元×19%=-1 050万元；F公司本年发生6 000万元净亏损，所以S公司确认对F公司股权投资损益=-6 000万元×49%=-2 940万元。
③ 股权转让后S公司对D公司股权投资核算方法从成本法转换为权益法，而D公司本年度实现的净利润为8 000万元，所以S公司确认本年度对D公司的股权投资收益=8 000万元×20%=1 600万元。

S公司采用成本法核算对子公司A、B、C、X，以及D公司的股权投资，且将子公司纳入合并范围；采用权益法核算对联营企业E公司和F公司的股权投资。

（1）仍然假设子公司X本年度发生了3 000万元的净亏损，该亏损对集团公司合并报表利润的影响金额为-3 000万元。由于不存在非上市母公司，所以不能再通过调整S公司与其非上市母公司的股权消除X公司亏损的影响，现在可以通过调整S公司和其旗下子公司的股权以实现消除X公司亏损影响，股权调整安排如下所述：

①若将S公司持有X公司40%的股权转让给子公司A，此时认定A公司对X公司具有重大影响，采用权益法进行核算，则X公司当期的亏损对A公司的影响数为-1 200万元①，即对合并报表的影响数也为-1 200万元。为了消除此亏损额的影响，可以将子公司A持有X公司的股权进行调整。

②若将A公司持有X公司30%的股权转让给同为S公司旗下的子公司B，此时A公司持有X公司10%的股权，认为不具有重大影响，采用成本法核算，则①中的-1 200万元亏损影响被消除了，此时则应认定B公司对X公司具有重大影响，采用权益法进行核算，则X公司当期亏损对B公司利润的影响数额为-900万元②，即对合并报表的影响数也为-900万元。为了消除此亏损额的影响，可以将子公司B持有X公司的股权进行调整。

③若将B公司持有X公司19%的股权转让给同为S公司旗下的子公司C，此时B公司持有X公司的股权比例为11%，认为不再对X公司具有重大影响，采用成本法核算，则②中的-900万元亏损影响被消除了，此时C公司持有X公司的股权比例为19%，认为不具有重大影响，采用成本法进行核算，此时X公司的亏损完全被消除了，即对合并报表的影响数也为零。

④如果考虑①、②和③的股权调整安排形成的直接和间接持股关系，还需要再次对股权进行调整，因为只有将X公司的持股比例调整到50%以下，即将其排除在合并报表以外，才能在集团内完成对X亏损的调节。

可以将C公司持有X公司3%的股权转让给联营企业E，一般如此的股权安排可能还有回购承诺或者付出额外成本的要求。此时，即使考虑直接和间接持股，S对X公司的持股比例为48%③，也在合并要求50%以下，可以消除X公司的亏损影响。

①　未进行股权调整前，S公司预期本年度发生1 000万元的净亏损，股权调整后，可以确认对D公司1 600万元的投资收益，不考虑其他情况，S公司本年度的净利润=1 600万元-1 000万元=600万元。
②　S公司增持D公司1%的股权，使得S公司扭亏为盈实现600万元的盈利，若没有增持这1%的股权，即发生1 000万元的亏损，所以可以计算该1%股权的杠杆值=[600万元-（-1 000万元）]/1 000万元×100%=1 600%。
③　X公司当期亏损值为3 000万元，A公司持有其40%的股权，且采用权益法进行核算，所以确认A公司对X公司股权投资损益=-3 000万元×40%=-1 200（万元）。

经过上述股权调整安排，每次股权调整消除X公司亏损对合并报表净利润影响的差异额与变动情况如下所示：

股权调整①：消除亏损影响金额=-1 200万元-（-3 000万元）=1 800万元，消除亏损影响的变动率=1 800万元/3 000万元×100%=60%↓；

股权调整②：累计消除亏损影响金额=-900万元-（-3 000万元）=2 100万元，消除亏损影响的变动率=2 100万元/3 000万元×100%=70%↓；

股权调整③：累计消除亏损影响金额=0-（-3 000万元）=3 000万元，消除亏损影响的变动率=3 000万元/3 000万元×100%=100%↓。

基于上述假设，可以发现在S公司不丧失或者基本不失去对X公司股权的情况，在集团内部每做一次股权调整，X公司的亏损对集团公司合并财务报表和S公司个别财务报表净利润的影响数额都会大幅度的减小。

（2）仍然假设联营企业F公司本年度发生了6 000万元的净亏损，按照权益法核算规则可知，F公司本年度的亏损对S公司个别财务报表净利润的影响金额为-2 940万元。若S公司暂时无法转让或者不愿意放弃对F公司的股权投资，而S公司又不愿意受到F公司亏损对其个别财务报表的影响，所以试图在集团内部的股权调整安排，消除该亏损的影响，因为S公司不存在非上市母公司，所以不能简单地把股权转让给非上市公司，让其承担S公司应该承担的F公司亏损份额，所以只能把F公司的股权转让给S公司能够控制的子公司。股权调整情况如下所述：

①若将S公司持有F公司35%的股权转让给S公司旗下的子公司A，此时S公司直接持有F公司的股权比例为14%，认为不再对F公司具有重大影响力，而子公司A持有F公司35%的股权，则对F公司具有重大影响力，因此要确认对F公司股权投资损益-2 100万元（-6 000万元×35%），从而对合并财务报表净利润产生-2 100万元的影响，为了消除此影响，还需要进一步进行股权调整。

②将A公司持有F公司20%的股权转让给S旗下的子公司B，此时A公司持有F公司15%的股权，认定其不再对F公司具有重大影响力，从而核算方法从权益法转换为成本法。而B公司则持有了F公司20%的股权，则认定其对F公司具有重大影响力，采用权益法进行核算，确认对F公司股权投资损益-1 200万元，从而对合并财务报表净利润产生了-1 200万元的影响，为了消除此影响，还需要进一步股权调整。

③将B公司出游F公司3%的股权转让给S旗下的子公司C，此时B公司持有F公司17%的股权，认为对F公司不再具有重大影响，核算方法由权益法转换为成本法。而C公司持有F公司3%的股权，不具有重大影响力，所以采用成本法进行核算。此时F公司当期亏损对S公司的个别财务报表净利润的负面影响均被消除。

上述股权投资每次调整关于F公司亏损对S公司个别财务报表负面影响消除额和变动率如下所示：

股权调整①：消除亏损影响金额=−2 100万元−（−2 940万元）=840万元，消除亏损影响的变动率=840万元/2 940万元×100%=28.57%↓；

股权调整②：累计消除亏损影响金额=−1 200万元−（−2 940万元）=1 740万元，消除亏损影响的累计变动率=1 740万元/2 940万元×100%=59.18%↓；

股权调整③：累计消除亏损影响金额=0−（−2 940万元）=2 940万元，消除亏损影响的累计变动率=2 940万元/2 940万元×100%=100%↓。

基于上述假设，可以发现在S公司不丧失或者基本不失去对F公司股权的情况，在集团内部每做一次股权调整，F公司的亏损对S公司个别财务报表净利润的影响数额都会大幅度的减小，直至消除F公司亏损对S公司财务报表业绩的负面影响。

但上述假设的演绎分析，也从另外一个角度表明了股权投资会计规则存在一定的制度缺陷，企业管理层只要有需要的时候，也会加以利用。

3.3.2 单一股权投资会计方法抑制利润调节效果分析

仍然基于上述假设，如果股权投资会计方法只有一种，不存在股权投资会计方法的选择、转换以及使用范围的判断标准，那么采用股权调整安排对于利润调节效果如何呢？下文基于同样的假设进行对比分析。

1.只有成本法的股权调整安排的利润调节效果

成本法不确认股权投资的未实现损益，所以无论是本年度子公司X、联营企业E和联营企业F发生的净损失，还是D公司实现的净收益，S公司均无需确认相应份额，不会影响S公司的个别财务报表。因此对旗下发生亏损的子公司或者联营企业无需进行股权调整，而对于旗下发生净收益的公司也无法通过股权调整安排而增加S公司个别财务报表净利润。鉴于此，如果股权投资会计规则中只存在成本法这一会计处理方法，那么企业就无法通过关联企业或控股企业的股权调整进行利润调节。

2.只有权益法的股权投资安排的利润调节效果

权益法下需要确认股权投资的未实现损益，所以对于联营企业F公司本年度发生的6 000万元需要确认2 940万元（6 000万元×49%）的损失。假如股权投资会计方法只有权益法且没有规定权益法使用界限的情况下，那么每次股权调整安排能够消除的F公司亏损对S公司个别财务报表净利润的影响数额和幅度如下所示：

股权调整①：确认的投资收益=−6 000万元×14%+（−6 000万元×35%×70%）

=-2 310万元；消除亏损影响金额=-2 310万元-（-2 940万元）=630万元（小于原来的840万元），消除亏损影响的变动率=630万元/2 940万元×100%=21.43%↓（小于原来的28.57%）；

股权调整②：确认的投资收益=-6 000万元×14%+（-6 000万元×15%×70%）+（-6 000万元×20%×70%）=-2 310万元；累计消除亏损影响金额=-2 310万元-（-2 940万元）=630万元（小于原来的1 740万元），消除亏损影响的累计变动率=630万元/2 940万元×100%=21.43%↓（小于原来的59.18%）；

股权调整③：确认的投资收益=-6 000万元×14%+（-6 000万元×15%×70%）+（-6 000万元×17%×70%）+（-6 000万元×3%×70%）=-2 310万元；累计消除亏损影响金额=-2 310万元-（-2 940万元）=630万元（小于原来的2 940万元），消除亏损影响的变动率=630万元/2 940万元×100%=21.43%↓（小于原来的100%）。

通过上述的对比分析可知股权调整安排②和③的结果与股权调整安排①的结果相同，即对S公司净利润的变化没有任何的贡献。如果要消除F公司亏损对S公司的影响还需要进一步进行股权调整安排，如将B公司持有F公司5%的股权转让给E公司，此时S公司确认的投资收益为-2 163万元[1]。到这一步股权调整安排可知，累计消除亏损影响金额为777万元[2]，累计消除亏损影响的变动率为26.43%[3]，比前三次股权调整安排累计消除亏损影响的幅度下降了5个百分点。虽然可以将股权转让给关联企业实现消除亏损影响的目的，但是一般要付出一定的额外成本。如果需要将亏损的影响完全消除，还需要更多的子公司或者关联公司，那么程序更为繁琐，难度更大而且要付出的成本也更大，企业基于成本效益原则的考量，会一定程度上降低通过股权投资会计方法的选择进行盈余管理的动机。

通过对股权投资会计方法转换调节利润的演绎分析可知，股权投资会计规则的自由裁量权较大，企业可以在有需要的情况下通过股权调整安排来实现对自己有利的利润调节，一定程度上表明股权投资会计规则存在经济后果或缺陷。另外，通过对单一股权投资会计方法抑制利润调节效果分析可知，如果只有单一的成本法，那么企业就无需通过股权调整安排进行利润调节；如果只有单一的权益法，企业通过股权调整安排调节利润的空间也将大大的缩小。

---

① X公司当期亏损金额为3 000万元，B公司持有其30%的股权，且采用权益法进行核算，所以确认B公司对X公司股权投资损益=-3 000万元×30%=-900万元。
② 经过一系列的股权调整安排后，S公司直接和间接持有X公司的股权比例=51%-3%=48%。
③ 此时S公司、A公司、B公司、C公司和E公司分别持有F公司14%、15%、12%、3%和5%的股权，所以在单一权益法下，S公司确认对F公司股权投资收益=-6 000万元×14%+（-6 000万元×15%×70%）+（-6 000万元×12%×70%）+（-6 000万元×3%×70%）+（-6 000万元×5%×21%）=-2 163万元。

3.4 本章小结

从时间和空间维度对股权投资会计规则的演变历程进行梳理，可知我国与美国、国际会计准则理事会等西方国家或经济组织的股权投资会计规则历经了多次演变，且来回变化，让人琢磨不定，一定程度上表明股权投资会计规则的制定和修订缺乏一种清晰的思路，也是一个难题。根据股权投资会计规则的演变历程可以得知，其演变受到财务报告披露制度和财务报告目标影响。我国股权投资会计规则最近一次演变（2006 年）从直观上看来，这是会计准则国际趋同的结果，但从根源上看来这是决策有用财务报告目标和以合并报表为主的财务报告披露制度主导下的变革。为了评价基于决策有用财务报告目标且根据财务报告概念框架，推演出的股权投资会计规则是否真的能提高股权投资会计信息的有用性，本书对现行股权投资的分类、初始计量和后续计量的相关规定进行了理论推导，并演绎分析我国现行股权投资会计规则可能带来的经济后果，最后推断我国现行股权投资会计规则存在缺陷，且主要体现在以下几个方面：

（1）我国现行股权投资分类较为混乱，分类标准主观性强、可操作性较差，较易于被企业管理当局用于盈余管理。具体体现在以下几个方面：

①股权投资分类较为混乱。A.现行股权投资的三个分类标准（影响程度、管理层意图、市场状况）并不存在严密的逻辑关系，容易导致执行过程中的混乱；B.按"市场状况"这一分类标准对股权投资进行分类存在逻辑上的矛盾性；C.股权投资分类中的可供出售金融资产这一分类缺乏理论依据，而且现行股权投资会计规则并未给出可供出售金融资产明确的定义，从而也给企业在执行过程中带来了困难和障碍。

②股权投资分类标准概念模糊、自由裁量权较大、判断较为困难，且容易被企业管理当局用于调整会计盈余。A."管理层意图"是一个较为模糊且主观性较强的概念，而且时刻在变，因而较难获取和判断。即使能够获取或判断投资企业管理层的意图，也难以判断管理层的意图的真实性，因此，管理层意图这一分类标准缺乏合理性且易于被操纵。B."市场状况"这一分类标准缺乏合理性且可操作性差，尤其在不存在活跃市场需要根据第三个层级估计公允价值时，更是加大了工作量和难度，同时也给企业带来了较大的会计弹性。C."控制"这一分类标准难以判断且容易被用于操纵。控制由过去的法定控制（定量标准）演变到了如今的实质性控制（定性标准），使得原本就模糊的"控制"概念在操作上变得更加的难以判断。另外，"共同控制"分类标准在很多情况下与"控制"也可能只存在一些细微差异，容易使得权益法和是否需要纳入合并范围的判断存在界限不清。D."重大影响"分类标准既是一个较为模糊的概念，其可操作性也不强（可

审计性性也不高），而且如果在股权投资会计实践中不考虑20%股权比例作为权益法起始适用的界限，而是根据经济实质判断重大影响力，在没有给出判断重大影响全面清晰的操作指南的情况下，则有可能使得会计实务陷入混乱和争论之中，也容易被企业用于盈余管理。

（2）现行股权投资会计初始计量根据股权投资"取得方式"不同分别以历史成本或公允价值为初始投资成本的计量基础的规定在逻辑上并不严密。因为，"企业合并"是一种结果，强调对被投资企业达到控制程度；企业合并下的"同一控制"与"非同一控制"强调在取得股权投资之前投资单位与被投资单位之间的关系；而"企业合并以外的其他方式"强调的是投资对价的方式，而实际上，形成企业合并的股权投资的支付对价也无外乎是支付现金、付出非货币性资产、发行权益证券或者承担债务等，并不能在逻辑上排除《企业会计准则第2号——长期股权投资》列示的非企业合并方式取得股权投资的方式。此外，不同计量属性会给投资企业财务报表所反映的财务状况和经营成果带来不同影响，因此，初始计量规则的不严密性除了给实务界在执行过程中带来困难外，还可能被投资企业管理当局用于调整财务报表所反映的财务状况和经营成果。

（3）股权投资后续计量规则中关于会计方法适用标准之间的规定没有严密的逻辑，而且判断标准也较为模糊主观，从而导致在会计实务中可操作性不强。对于采用何种核算方法也存在"公说公有理，婆说婆有理"的混乱与争议。此外，关于在母公司报表中根据"影响程度"不同采用成本法或权益法的规定也存在逻辑上的冲突，且易被企业管理当局用于调整会计盈余；根据"管理层意图"不同采用公允价值法（计入损益）或公允价值法（计入权益）的规定也缺乏合理性，且也易被企业管理当局用于盈余管理。

（4）通过对股权投资会计方法的转换调节利润的模拟演绎分析，得知股权投资会计规则的自由裁量权较大，企业可以在有需要的情况下通过股权调整安排来实现对自己有利的利润调节，一定程度上也表明现行股权投资会计规则存在经济后果或缺陷。另外，通过对单一股权投资会计方法抑制利润调节效果分析可知，如果只有单一的成本法，那么企业就无需通过股权调整安排进行利润调节；如果只有单一的权益法，企业通过股权调整安排调节利润的空间也将大大的缩小。

4 股权投资会计信息有用性的实证检验

本书第3章的理论评价与演绎分析推断我国现行股权投资会计规则存在缺陷，有可能导致上市公司在执行股权投资会计规则过程中，出现可操作性差或盈余管理等问题，从而影响上市公司生成的股权投资会计信息的有用性。在会计规则演变的大背景下，基于决策有用财务报告目标并根据财务报告概念框架推演逻辑推演出的股权投资会计规则真的能有效保证股权投资会计信息的决策有用性吗？基于这一质疑，本章将利用上市公司经验数据，通过实证研究来检验我国现行股权投资会计信息的有用性。

根据本书在第1章中对股权投资会计信息有用性的界定可知，具有决策有用性的股权投资会计信息必须要具备相关性和可靠性（如实反映）这两个有用信息的基本质量特征，以及可理解性这一个有用信息的增量质量特征。财务报告概念框架给出了评估财务报告信息有用性的标准，在研究中则需要使得这些标准具有可操作性。价值相关性检验就是一种使得财务报告概念框架中提出的相关性和可靠性（如实反映）标准具有可操作性的方法。价值相关性检验通常是对相关性和可靠性（如实反映）的联合检验（Barth et al.，2001）。已有大量的研究文献通过价值相关性研究来评估（或提供一个进行评估的依据）会计信息的有用性（或潜在有用性），以便为准则的制定或修订提供参考。鉴于此，本书也利用价值相关性检验来判断股权投资会计信息的有用性。由于财务会计信息的可理解性较难通过大样本回归进行检验，因此本书将在第5章的实地访谈和问卷调查中获取相关评价资料和证据。

另外，根据本书第3章对现行股权投资会计规则的理论推导可知，由于股权投资的分类和会计方法的选择涉及较多的主观判断，给予企业管理层较多的自由裁量权，从而可能导致企业管理当局基于自身利益而非信息使用者，生成股权投资会计信息。另外，通过第5章的实地调研结果可知实务界专业人士也认为，现行股权投资会计规则的自由裁量权较大，且容易被企业管理当局用于盈余管理。已有研究也预测企业管理层的自由裁量权会使得会计信息的可靠性（如实反映）降低，从而会降低价值相关性检验中的估计系数（Barth et al.，1991、1996；Muller，1999）。因此，本书还从盈余管理视角（会计政策选择）来评估（或提供一个评估的依据）股权投资会计信息的有用性，除了可以与本书第3章的理论分析和第5章的实地调研结果进行相互补充或印证外，还可以为会计规则修订意见提供一定经验证据的支撑。

4.1 股权投资会计信息有用性检验：基于价值相关性视角

股权投资会计规则在国际范围内历经了多次演变，每次演变都与财务报告目标或财务报告披露制度紧密相关。我国股权投资会计规则最近一次演变（2006年颁布的企业会计准则1项基本准则和38项具体准则）直观上是会计准则国际趋同的结果，根源上是决策有用财务报告目标主导下的一次巨大的变革。按照这次演变后的股权投资会计规则生成的股权投资会计信息是否真的有用或更为有用值得关注与检验。

4.1.1 理论分析与研究假设

我国股权投资会计规则以会计方法的演变为分界点历经了多次演变。最近一次演变（2006年）使得股权投资的分类也由过去的"短期投资"和"长期投资"这两大类演变成了"长期股权投资"、"可供出售金融资产"和"交易性金融资产"这三大类。我国2006年这一次会计准则国际趋同背景下的股权投资会计规则演变影响巨大，会计收益计量理念由"收入费用观"转变为"资产负债观"，这也是强调财务报告"决策有用"目标的必然结果。资产负债观下强调会计信息的估值作用，注重会计信息的"相关性"质量特征，一定程度上可以说，2006年我国股权投资会计规则演变的重要意图就是为了提高股权投资会计信息的相关性，从而提高股权投资会计信息在股票市场中的定价作用。

此外，我国2006年股权投资会计规则的另一重大变化是引入了公允价值法。2006年2月颁布的股权投资会计规则规定对原来采用成本与市价孰低法的短期投资，从2007年1月1起开始采用公允价值计量属性进行计量。另外，对于原来在《企业会计准则——投资》中规范的，但却未在《企业会计准则第2号——长期股权投资》中进行规范的长期股权投资也采用公允价值计量属性进行计量。公允价值是在不存在市场垄断势力，且非完全有效市场竞争的条件下，交易双方在行为能力对等，信息基本对称的情况下长期重复博弈达成的结果。对会计信息系统而言，采用公允价值计量的会计信息也是最能反映市场经济特征的会计计量属性，而且相对于历史成本而言，市场也是更多地根据公允价值对一个企业的价值进行评估。这一情况也得到了已有实证研究的验证（Michl 和 Weygandt，1971；Graham 和 Lefanowicz，1996；Hitz，2007；Allen 和 Carletti，2008）。根据公允价值的定义，且从决策有用性的角度来看，相对于历史成本而言，采用公允价值计量属性来计量股权投资应该更能提高股权投资会计信息的决策相关性。另外，根据第5章的调研结果可知，高达63.54%比例的投资者认为按照现行股权投资会计规则生成的股权投资会计信息的相关性较高。鉴于此，本书提出假设1：

H1：按照现行股权投资会计规则生成的股权投资会计信息具有价值相关性。

根据我国最近一次股权投资会计规则演变的理论根源可知，这一次股权投资会计规则演变是决策有用财务报告目标主导下的变革，演变的目标无外乎是为了提高股权投资会计信息的决策有用性。此外，相对于2006年以前的股权投资会计规则而言，现行股权投资会计规则的最大变化是引入公允价值法。而公允价值是最为相关的计量属性，再根据假设1的观点，可以进一步推断，相对于旧股权投资会计规则而言，按照现行股权投资会计规则生成的股权投资会计信息的价值相关性更强。同时，根据第5章的调研结果可知，高达79.17%比例的投资者认为现行股权投资会计规则下会计信息的相关性比旧股权投资会计规则下会计信息的相关性高。鉴于此，本书进一步提出假设2：

H2：股权投资会计规则的演变提高了股权投资会计信息的价值相关性。

4.1.2 研究设计

1.模型设计

（1）假设1的模型设计

为了检验现行股权投资会计信息是否具有价值相关性，本书采用 Ohlson 模型，并借鉴 Barth(1994)、Petroni et al.（1995）及 Graham et al.（2003）的做法，设计如模型4-1所示的模型对假设1进行检验。

$$P_{i,t}=\alpha_0+\alpha_1\times BV_{i,t}+\alpha_2\times NI_{i,t}+\alpha_3\times Trading_{i,t}+\alpha_4\times AFS_{i,t}+\alpha_5\times Long\_equity_{i,t}+$$
$$\alpha_6\times NI\_invest_{i,t}+\alpha_7\times FVC_{i,t}+\varepsilon_t$$

模型4-1

为了检验假设1，主要观测 α_3、α_4、α_5、α_6 或 α_7 的显著性，这五个回归系数只要有一个在可接受性的显著性水平内显著，则表明现行股权投资会计信息具有价值相关性，即假设1得证。

Kothari 和 Zimmerman（1995）认为价格模型和报酬模型都有可能得到合理的结果，但 Christie（1987）认为报酬模型能更好克服规模和异方差对检验结果的影响，所以本书还采用报酬模型对本书的研究假设1进行检验。此外，也有研究认为，在会计信息价值相关性检验的实证模型中控制公司规模，能更好地验证会计信息在我国股票市场中的定价作用（陈信元等，2002；程小可和龚秀丽，2008）。因此，本书也引入公司规模变量加以控制。本书借鉴 Easton 和 Harris（1991）的做法采用水平报酬模型对本书的研究假设1进行检验，检验模型如模型4-2所示：

$$Ri,t=\gamma0+\gamma1\times NIi,t/ Pi,t-1+\gamma2\times NI\_investi,t\times/Pi,t-1+\gamma3\times FVCi,t/ Pi,t-1+$$

$$\gamma4\times SIZEi,t+\delta t \qquad\qquad 模型4-2$$

为了检验假设1，主要观测$\gamma2$和$\gamma3$，这两个回归系数只要有一个在本书可接受的显著性水平内显著，则可支持本书的研究假设1。

本书还借鉴 Easton 和 Harris（1991）的做法采用变动报酬模型检验研究假设1，检验模型如模型4-3所示：

$$ARi,t=\chi0+\chi1\times\Delta NIi,t/ Pi,t-1+\chi2\times\Delta NI\_investi,t\times/ Pi,t-1+\chi3\times\Delta FVCi,t/ Pi,t-1+$$

$$\chi4\times SIZEi,t+\eta t \qquad\qquad 模型4-3$$

为了检验本书研究假设1，主要观测$\chi2$和$\chi3$，这两个回归系数只要有一个在本书可接受的显著性水平内显著，也可支持本书的研究假设1。

（2）假设2的模型设计

为了检验假设2，即现行股权投资会计信息比旧股权投资会计信息更具有价值相关性。本书初步通过相对关联研究模型中的R2值，对现行股权投资会计信息是否真的比旧股权投资会计信息更具有价值相关性进行评价。本书同样采用与检验假设1相同的价格模型、水平报酬模型和变动报酬模型，来检验旧股权投资会计信息的价值相关性，然后分别与现行股权投资会计信息价值相关性检验模型中的R2值进行比较。根据旧规则下股权投资会计相关信息设计的研究模型如模型4-4所示：

$$Pi,t=\phi0+\phi1\times BVi,t+\phi2\times NIi,t+\phi3\times Short\_investi,t+\phi4\times Long\_investi,t+$$

$$\phi5\times NI\_investi,t+\xi t \qquad\qquad 模型4-4$$

只要模型4-4中的回归系数$\phi3$、$\phi4$和$\phi5$有一个在本书可接受的显著性水平内显著，则可表明旧股权投资会计信息具有价值相关性。然后比较模型4-4和模型4-1回归结果中的调整R2值，如果模型4-1回归结果中的调整R2值大于模型4-4回归结果中的调整R2值，则初步验证本书的研究假设2成立。

与假设1检验模型4-2相对应，本书还设计了模型4-5来检验旧股权投资会计信息的价值相关性。检验模型如模型4-5所示：

$$Ri,t=\beta0+\beta1\times NIi,t/Pi,t-1+\beta2\times NI\_investi,t\times/ Pi,t-1+\beta3\times SIZEi,t+\zeta t \qquad 模型4-5$$

只要模型4-5中的回归系数$\beta2$在可接受的显著性水平内显著，则表明旧股权投资会计信息具有价值相关性。然后比较模型4-5和模型4-2回归结果中的调整R2值，如果模型4-2回归结果中的调整R2值大于模型4-5回归结果中的调整R2值，则也初步验证本书的研究假设2成立。

与假设1检验模型4-3相对应，本书还设计模型4-6来检验旧股权投资会计信息的价值相关性。检验模型如模型4-6所示：

$$ARi,t=\lambda0+\lambda1\times\Delta NIi,t/ Pi,t-1+\lambda2\times\Delta NI\_investi,t\times/ Pi,t-1+\lambda3\times SIZEi,t+\omega t \qquad 模型4-6$$

只要模型 4-6 中的回归系数 λ2 在本书可接受的显著性水平内显著，则表明旧股权投资会计信息具有价值相关性。然后比较模型 4-6 和模型 4-3 回归结果中的调整 R2 值，如果模型 4-3 回归结果中的调整 R2 值大于模型 4-6 回归结果中的调整 R2 值，则也能初步验证本书的研究假设 2 成立。

为了进一步检验研究假设 2，本书还采用 Vuong（1989）检验来验证现行规则下股权投资会计信息是否比旧规则下股权投资会计信息更具有价值相关性。主要通过模型 4-4 和模型 4-6 来模拟样本公司按照旧股权投资会计规则生成的 2006 年股权投资会计信息的价值相关性，同时通过模型 4-1 和模型 4-3 模拟样本公司按照现行股权投资会计规则生成的 2006 年股权投资会计信息的价值相关性，然后进行 Vuong 检验，如果 Vuong 统计量在可接受的置信区间内拒绝原假设，则表明现行规则下股权投资会计信息的价值相关性大于旧规则下股权投资会计信息的价值相关，那么本书的研究假设 2 成立。

以上研究模型中的变量定义见表 4-1。

表 4-1 变量定义及计量方法

变量类型	变量符号	变量定义
被解释变量	$P_{i,t}$	指 i 公司第 t 年披露期末每股股票价格，为 i 公司 t+1 年 4 月底最后一个交易日的收盘价
	$R_{i,t}$	$R_{i,t}$ 为 i 公司第 t 年度股票的累计报酬率，其计算公式为 $R_{it}=\prod m=[-8,4]$（$1+Dret_{i,m}$）-1，其中，$Dret_{i,m}$ 是 i 公司第 m 个月考虑了现金红利再投资的个股回报率
	$AR_{i,t}$	$AR_{i,t}$ 为 i 公司第 t 年度股票的超额累计收益率，其计算公式为 $AR_{i,t}=\{\prod k=[1,12]（1+R_{i,k}）-1\}-\beta i\{\prod k=[1,12]（1+R_{m,k}）-1\}$，其中 R_i 为考虑现金红利再投资的个股月度回报率，R_m 为考虑现金红利再投资的市场月度回报率，βi 为个股 beta 值。
解释变量	$BV_{i,t}$	$BV_{i,t}$ 为 i 公司第 t 年末母公司财务报表中的净资产的账面价值
	$NI_{i,t}$	$NI_{i,t}$ 为 i 公司第 t 年度母公司财务报表中扣除股权投资收益或交易性权益工具公允价值变动损益后净利润的账面价值
	$Trading_{i,t}$	$Trading_{i,t}$ 为 i 公司第 t 年末母公司财务报表中的交易性金融资产中权益工具的账面价值
	$AFS_{i,t}$	$AFS_{i,t}$ 为 i 公司第 t 年末母公司财务报表中的可供出售金融资产中权益工具的账面价值
	$Long\_equity_{i,t}$	$Long\_equity_{i,t}$ 为 i 公司第 t 年末母公司财务报表中的长期股权投资的账面价值
	$NI\_invest_{i,t}$	$NI\_invest_{i,t}$ 为 i 公司第 t 年度母公司财务报表中的投资收益的账面价值

变量类型	变量符号	变量定义
解释变量	FVCi,t	FVCi,t为i公司第t年度母公司财务报表中的公允价值变动损益中交易性权益工具的账面价值
	Short_investi,t	Short_investi,t为i公司第t年末母公司财务报表中的短期投资中的股权投资的账面价值
	Long_investi,t	Long_investi,t为i公司第t年末母公司财务报表中的长期投资中股权投资的账面价值
	ΔNIi,t	ΔNIi,t为i公司第t年度母公司财务报表中扣除股权投资收益或交易性权益工具公允价值变动损益后净利润的账面价值的变动值，其计算公式为ΔNIi,t=（NIi,t－NIi,t-1）
	ΔNI_investi,t	ΔNI_investi,t为i公司第t年度母公司财务报表中的投资收益账面价值的变动值，其计算公式为ΔNI_investi,t=（NI_investi,t－NI_investi,t-1）
	ΔFVCi,t	ΔFVCi,t为i公司第t年度母公司财务报表中的公允价值变动损益中交易性权益工具账面价值的变动值，其计算公式为ΔFVCi,t=（FVCi,t－FVCi,t-1）
控制变量	SIZEi,t	SIZEi,t为i公司第t年末的公司规模，为i公司第t年末母公司财务报表中资产总额的自然对数

注：表中的所有解释变量均用i公司第t年末发行在外的流通A股股数去规模化。

2. 样本选择及数据来源

本书研究模型4-1、模型4-2、模型4-3、模型4-4、模型4-5和模型4-6中变量的财务数据和股价等相关数据均来自RESSET金融研究数据库。本书选择在上海证券交易所和深圳证券交易所上市的除金融保险业以外所有的A股上市公司作为研究样本。研究模型4-1、模型4-2和模型4-3的样本区间为2007年到2012年。主要由于我国新股权投资会计规则从2007年1月1日起开始实施，所以前三个模型的研究期间从2007年开始。研究模型4-4、模型4-5和模型4-6的样本区间从2001年到2006年。主要由于2001年开始我国企业会计准则禁止了公允价值在股权投资会计中的运用，所以后三个模型的研究期间以2001年开始。

本书运用stata12.0计量软件对样本数据进行处理和模型估计。

4.1.3　实证检验与结果分析

1. 描述性统计与分析

表4-2列示了本书假设1和假设2的检验模型4-1、模型4-2、模型4-3、模型4-4、模型4-5和模型4-6中主要变量的描述性统计情况。在2007—2012年区

间的样本用于模拟模型4-1、模型4-2和模型4-3；在2001—2006年区间的样本用于模拟模型4-4、模型4-5和模型4-6。平均而言，在2007—2012年区间样本公司的股票价格为每股12.92元，在2001—2006年区间样本公司的股票价格为每股9.227元。两个样本区间的股票价格平均值与中位数存在较大差异，且标准差较大，表明样本公司的每股股票价格P存在极端值，为了剔除极端值对本书检验结果的影响，本书对变量P在1%和99%的水平上进行缩尾（Winsorization）处理。

表4-2 　　　　　　　　价值相关性检验模型中主要变量的描述性统计表

变量	2007—2012年（新规则）				2001—2006年（旧规则）			
	平均值	中位数	标准差	观测值	平均值	中位数	标准差	观测值
P	12.92	10.15	10.63	8 807	9.227	7.890	6.746	5 562
R	0.369	−0.024	1.122	8 807	0.058	−0.150	0.619	5 562
AR	0.105	−0.033	0.717	8 807	−0.103	−0.115	0.457	5 562
SIZE	21.36	21.27	1.088	8 807	20.91	20.86	0.840	5 562
Trading	0.012	0	0.117	8 807	0.097	0	0.384	5 562
AFS	0.123	0	0.930	8 807	—	—	—	—
Long_equity	2.618	1.587	3.562	8 807	3.030	2.333	2.782	5 562
BV	6.259	4.064	6.703	8 807	7.396	6.558	4.424	5 562
NI	0.265	0.082	0.767	8 807	0.361	0.311	1.001	5 562
FVC	0.001	0	0.059	8 807	—	—	—	—
NI_invest	0.205	0.042	0.528	8 807	0.194	0.078	0.554	5 562
NI/Pt−1	0.023	0.019	0.055	7 676	0.023	0.039	0.177	4 240
NI_invest/Pt−1	0.016	0.004	0.035	7 676	0.022	0.012	0.085	4 240
FVC/Pt−1	0	0	0.005	7 676	—	—	—	—
ΔFVC/Pt−1	0	0	0.005	7 676	—	—	—	—
ΔNI_invest/Pt−1	0.003	0	0.030	7 676	0.004	0	0.089	4 240
ΔNI/Pt−1	0.003	0.002	0.055	7 676	0.001	0.001	0.199	4 240

注：（1）表中某些变量的平均值或中位数为"0"，并不代表这些变量的数值本身等于0，而是由于这些数值太小且保留小数点所致；（2）表中2001—2006年样本区间某些变量的数值为"-"，主要是由于这些变量在2001—2006年期间（旧规则）不存在；（3）表中变量Trading和Long_equity分别对应2001—2006年样本区间的变量Short_invest和Long_invest。

从2007—2012年区间样本的描述性统计可知，平均而言，股权投资中的交易性金融资产、可供出售金融资产和长期股权投资的每股期末账面价值分别为0.012元、0.123元和2.618元，表明样本公司的长期股权投资占的比重较大，其次是可供出售金融资产，交易性金融资产的比重较小。此外，从2001—2006年区间样本的描述性统计可知，股权投资中的短期投资和长期投资期末每股账面价值分别为0.097元和3.030元，表明股权投资中的长期投资的比重远大于短期投资。这一描述性统计结果表明我国上市公司偏好长期股权投资。

从表4-2的统计结果可知，除了变量P和BV的标准差相对较大外，其他变量的平均值和中位数较为接近，一定程度上表明了研究变量服从正态分布。为了避免异常值可能对本书检验结果的影响，本书还对连续变量在1%和99%的水平上进行缩尾（winsorization）处理。

表4-3列示了股权投资会计信息价值相关性的价格模型中主要变量的相关系数。由表4-3可知股权投资会计信息中的交易性金融资产（Trading）、长期股权投资（Long_equity）、短期投资（Short_invest）、长期投资（Long_invest）和投资收益（NI_invest）等股权投资会计信息与股价（P）之间的相关系数均在1%的显著性水平上显著正相关。

表4-3 　　　　　　　　　　价格模型中主要变量的相关系数表

变量	P	BV	NI	Trading	AFS	Long_equity	NI_invest	FVC
P	1	0.275***	0.313***	0.048***	—	0.104***	0.238***	—
BV	0.332***	1	0.461***	0.248***	—	0.383***	0.324***	—
NI	0.398***	0.571***	1	0.083***	—	−0.081***	0.027**	—
Trading	0.039***	0.068***	0.039***	1	—	0.053***	0.050***	—
AFS	0.017	0.080***	−0.046***	0.032***	1	—	—	—
Long_equity	0.144***	0.558***	0.063***	0.006	0.019*	1	0.492***	—
NI_invest	0.228***	0.284***	−0.065***	0.064***	0.092***	0.400***	1	—
FVC	0.007	0.006	−0.016	0.101***	0.010	0.014	0.013	1

　　注：（1）表中***、**和*分别表示在1%、5%和10%的显著性水平上显著；（2）表中左下角的数值为2007—2012年样本区间变量之间的相关系数，右上角的数值为2001—2006年样本区间变量之间的相关系数；2007—2012年样本区间变量 Trading 和 Long_invest 分别对应2001—2006年样本区间变量 Short_invest 和 Long_invest；（3）表中2001—2006年样本区间某些变量的数值为"−"，主要是由于这些变量在2001—2006年期间（旧规则）不存在。

表4-4列示了股权投资会计信息价值相关性的报酬模型中主要变量的相关系数。由表4-4可知2007—2012年样本区间股权投资会计信息中的投资收益信息 NI_invest/Pt-1 与累计回报率 R 和超额累计回报率 AR 之间的相关系数分别在1%和10%的显著性水平上显著正相关；ΔNI_invest/Pt-1 与累计回报率 R 和超额累计回报率 AR 之间的相关系数均在1%的显著性水平上显著正相关；FVC/Pt-1 和 ΔFVC/Pt-1 与累计回报率 R 之间的相关系数均在1%的显著性水平上正相关，但与超额累计回报率 AR 之间的相关系数却并未在可接受的水平内显著。2001—2007年样本期间股权投资会计信息 NI_invest/Pt-1 和 ΔNI_invest/Pt-1 分别与累计回报率 R 和超额累计回报率 AR 之间相关系数均在1%的显著性水平上显著正相关。

表 4-4　　　　　　　　　　　　　报酬模型中主要变量的相关系数表

变量	R	AR	NI/Pt-1	ΔNI/Pt-1	NI_invest/Pt-1	ΔNI_invest/Pt-1	FVC/Pt-1	ΔFVC/Pt-1	SIZE
R	1	0.631***	0.115***	0.112***	0.117***	0.112***	—	—	0.142***
AR	0.779***	1	0.148***	0.077***	0.097***	0.057***	—	—	0.142***
NI/Pt-1	0.052***	0.058***	1	0.575***	0.126***	0.076***	—	—	0.185***
ΔNI/Pt-1	0.106***	0.099***	0.558***	1	0.086***	0.199***	—	—	-0.039**
NI_invest/Pt-1	0.033***	0.020*	-0.158***	0.043***	1	0.550***	—	—	0.150***
ΔNI_invest/Pt-1	0.088***	0.060***	-0.064***	-0.076***	0.552***	1	—	—	0.015
FVC/Pt-1	0.049***	0.017	-0.025**	0.053***	0.013	0.010	1	—	—
ΔFVC/Pt-1	0.054***	0.018	0.003	-0.013	0.004	0	0.227***	1	—
SIZE	-0.066***	-0.054***	0.087***	-0.029**	0.194***	0.046***	0.009	0.010	1

注：（1）表中***、**和*分别表示在1%，5%和10%的显著性水平上显著；（2）表中左下角的数值为2007—2012年样本区间变量之间的相关系数，右上角的数值为2001—2006年样本区间变量之间的相关系数；（3）表中2001—2006年样本区间某些变量的数值为"—"，主要是由于这些变量在2001—2006年期间（旧规则）不存在。

2.假设1的检验结果与分析

在处理面板数据时，需要判断究竟使用混合效应、固定效应还是随机效应模型。本书首先以混合效应作为参照系，并进行混合回归（结果见表4-5中混合回归），之后，进行普通标准差的固定效应面板数据回归（结果见表4-5中固定效应），且对个体效应是否均显著等于0进行F检验，检验结果显示F（2 073，6 721）=8.50，且Prob > F = 0.0000，即强烈拒绝了原假设，结果表明固定效应模型明显优于混合回归。

进一步，还可以在固定效应模型中考虑时间效应，即双向固定效应（Two-way FE），即通过检验时间效应的联合显著性，结果显示F（5，6 721）=227.85，且Prob > F =0.0000，表明应该在模型中包括时间效应。

最后，判断处理该面板数据究竟使用固定效应和随机效应模型。为此，本书还进行了豪斯曼检验（Hausman Test）以检验固定效应估计值（见表4-5中双向固定效应回归结果）和随机效应估计值（见表4-5中随机效应回归结果）是否符合一致性，检验结果显示chi2（13）= 429.01，且Prob>chi2 = 0.0000，结果表明应该使用固定效应模型，而非随机效应模型。

表4-5　　　　　现行股权投资会计信息价值相关性的价格模型检验结果

变量	模型4-1			
	混合回归	固定效应	双向固定效应	随机效应
BV	0.061**	0.365***	0.248***	0.209***
	（0.02）	（0.03）	（0.03）	（0.02）
NI	5.419***	2.723***	2.481***	3.127***
	（0.18）	（0.17）	（0.16）	（0.14）
Trading	0.398	−5.754***	−5.573***	−3.764***
	（0.86）	（0.80）	（0.74）	（0.69）
AFS	0.108	0.323***	0.222**	0.191**
	（0.11）	（0.11）	（0.10）	（0.10）
Long_equity	0.0040	−0.0730	0.0670	0.0550
	（0.04）	（0.05）	（0.04）	（0.03）
NI_invest	4.837***	−0.581***	−0.524***	0.624***
	（0.21）	（0.20）	（0.18）	（0.17）
FVC	1.743	3.330***	2.066*	1.662
	（1.71）	（1.21）	（1.13）	（1.14）
Dum_year2008			−3.289***	−3.171***
			（0.23）	（0.24）
Dum_year2009			0.459**	0.601**
			（0.23）	（0.23）
Dum_year2010			1.287***	1.457***
			（0.23）	（0.23）
Dum_year2011			−3.137***	−2.992***
			（0.23）	（0.23）
Dum_year2012			−4.134***	−3.954***
			（0.23）	（0.23）
CONS	10.077***	10.250***	12.431***	12.153***
	（0.14）	（0.13）	（0.22）	（0.27）
样本量	8 807	8 807	8 807	8 807
R2值	0.224	0.136	0.261	0.255
调整的R2值	0.223	0.131	0.032	—
F值	362.4	151.2	198.0	Wald chi2（12）= 2 825.56

注：（1）表中***、**和*分别表示在1%，5%和10%的显著性水平上显著；（2）表中括号里的数值是各回归系数的标准差；（3）随机效应模型生成Wald值；（4）表中的Dum_year2008、Dum_year2009、Dum_year2010、Dum_year2011和Dum_year2012为年度虚拟变量。

下文其他面板数据的处理过程同理。

综合上述对面板数据处理模型的判断，本书将检验模型设定为双向固定效应模型，回归结果如表4-5中双向固定效应的结果所示。双向固定效应模型回归结果显示交易性金融资产（Trading）、可供出售金融资产（AFS）、投资收益（NI_invest）和公允价值变动损益（FVC）的回归系数均在可接受的显著性水平内显著，一定程度上表明现行股权投资会计信息具有价值相关性。交易性金融资产（Trading）的系数在1%的显著水平内显著为负，表明市场对企业持有的交易性金融资产会计信息做出负面反应；可供出售金融资产（AFS）的系数在5%的显著性水平内显著为正，表明市场对企业持有的可供出售金融资产会计信息做出正向反应；投资收益（NI_invest）的系数在1%的显著水平内显著为负，表明市场对企业的投资收益会计信息做出负面反应；公允价值变动损益（FVC）的系数在10%的显著性水平内显著为正，表明市场对企业的公允价值变动会计信息做出正面的反应，检验结果支持了本书的研究假设1。

本书还通过报酬模型对现行股权投资会计信息价值相关性进行检验。同样根据前文模型判断标准，设定本书观测的面板数据的适用模型，即应该采用带有时间效应的混合回归。检验结果如表4-6中的混合回归（2）所示。现行股权投资会计信息价值相关性的水平报酬模型（模型4-2）和变动报酬模型（模型4-3）中投资收益的系数均在1%的显著性水平内显著为正，检验结果进一步表明现行股权投资会计信息具有价值相关性，也进一步支持了本书的研究假设1。

表4-6　　　　　现行股权投资会计信息价值相关性的报酬模型检验结果

| 变量 | 模型4-2 | | | 模型4-3 | | |
| | R | | | AR | | |
	混合回归（1）	固定效应	混合回归（2）	混合回归（1）	固定效应	混合回归（2）
NI/Pt-1	1.646***	3.916***	0.901***			
	(0.27)	(0.41)	(0.16)			
NI_invest/ Pt-1	1.976***	3.323***	0.653***			
	(0.37)	(0.54)	(0.22)			
FVC/ Pt-1	11.834***	15.361***	0.832			
	(2.62)	(3.12)	(1.52)			
ΔNI/Pt-1				1.401***	1.531***	1.140***
				(0.21)	(0.18)	(0.20)
ΔNI_invest/ Pt-1				1.550***	1.395***	1.080***
				(0.29)	(0.28)	(0.29)

变量	模型4-2 R			模型4-3 AR		
	混合回归（1）	固定效应	混合回归（2）	混合回归（1）	固定效应	混合回归（2）
$\Delta FVC/Pt-1$				2.799**	2.699	1.574
				（1.32）	（1.79）	（1.01）
SIZE	-0.098***	-0.969***	-0.024***	-0.035***	-0.376***	-0.016**
	（0.01）	（0.04）	（0.01）	（0.01）	（0.02）	（0.01）
Dum_ year2008			-2.610***			-0.392***
			（0.03）			（0.04）
Dum_ year 2009			-0.564***			-0.179***
			（0.03）			（0.05）
Dum_ year 2010			-1.868***			-0.370***
			（0.03）			（0.04）
Dum_ year 2011			-2.332***			-0.502***
			（0.03）			（0.04）
Dum_ year 2012			-2.002***			-0.509***
			（0.03）			（0.04）
CONS	2.460***	21.076***	2.520***	0.858***	8.162***	0.808***
	（0.25）	（0.88）	（0.15）	（0.15）	（0.51）	（0.15）
样本量	7 676	7 676	7 676	7 676	7 676	7 676
R2值	0.0160	0.106	0.668	0.0180	0.0550	0.0870
调整的 R2 值	0.0160	0.169	0.668	0.0180	0.235	0.0860
F值	31.34	173.8	1 715	28.69	85.11	76.18

注：（1）表中***、**和*分别表示在1%，5%和10%的显著性水平上显著；（2）表中括号里的数值是各回归系数的标准差；（3）表中的 Dum_year2008、Dum_year2009、Dum_year2010、Dum_year2011 和 Dum_year2012 为年度虚拟变量。

以上根据现行股权投资会计信息价值相关性的价格模型和报酬模型的水平模型或变动模型的检验结果可知，整体上而言，现行股权投资会计信息具有价值相关性。具体而言，从价格模型的检验结果可知，市场对现行股权投资会计信息的反应不同，对长期股权投资会计信息并未做出反映，但是对于交易性金融资产和投资收益相关会计信息做出负向的反应，对可供出售金融资产和公允价值变动做出了正向的反应；从报酬模型的检验结果可知，投资收益会计信息能够带来持有期收益，但是公允价值变动损益却不能带来持有期收益，这可能与公允价值变动损益不具有可持续性有关。

3.假设2的检验结果与分析

表4-7列示了新旧规则下股权投资会计信息价值相关性的价格模型和报酬模型的检验结果。从价格模型的检验结果可知，在旧股权投资规则下，列入短期投资的股权投资（Short_invest）的回归系数并未在可接受的显著性水平内显著，列入长期投资的股权投资（Long_invest）的回归系数在5%的显著性水平内显著为正，投资收益（NI_invest）回归系数在1%的显著性水平内显著为正，表明市场对旧规则下入短期投资的股权投资会计信息并未做出反应，对列入长期投资的股权投资会计信息做出正向的反应；在现行股权投资规则下，交易性金融资产（相对于旧规则下的短期投资，Trading）的回归系数在1%的显著性水平下显著为负，可供出售金融资产（相对于旧规则下的长期投资，AFS）的回归系数在5%的显著性水平上显著为正，但是长期股权投资（相对于旧规则下的长期投资，Long_equity）的回归系数并未在可接受的显著性水平内显著，投资收益（NI_invest）的回归系数在1%的显著性水平上显著为负。检验结果显示，市场对现行规则下股权投资会计信息的反应并未做出一致的反应，对交易性金融资产和投资收益等相关股权投资会计信息做出负面的反应，对可供出售金融资产会计信息做出正向反应，但对长期股权投资会计信息并未做出反应。虽然价格模型下新旧规则下具体股权投资会计信息的回归系数的显著性不同，但一定程度上表明新旧规则下股权投资会计信息均具有价值相关性，但各自对股价的解释能力不同，现行规则下股权投资会计信息的调整解释能力小于旧规则下股权投资会计信息的调整解释能力（0.032<0.418），一定程度上表明现行规则下股权投资会计信息的价值相关性整体上并不如旧规则下股权投资会计信息，即价格模型的初步检验结果并不支持本书的研究假设2。

从报酬模型的检验结果来看，水平报酬模型的检验结果显示旧股权投资会计规则下投资收益相关会计信息（NI_invest/Pt-1）的回归系数在1%的显著性水平内显著正相关，现行股权投资会计规则下投资收益相关会计信息（NI_invest/Pt-1）的回归系数也在1%的显著性水平内显著正相关，但是现行股权投资会计规则下公允价值变动损益相关会计信息（FVC/ Pt-1）的回归系数并未在可接受的显著性水平内显著。水平报酬模型的检验结果一定程度上表明了新旧股权投资会计规则下会计信息具有价值相关性，但是各自对持有期回报率的调整解释力不

表4-7　　　　比较新旧股权投资会计信息价值相关性的初步检验结果

变量	价格模型		报酬模型			
	模型4-4	模型4-1	模型4-5	模型4-2	模型4-6	模型4-3
	2001—2006	2007—2012	2001—2006	2007—2012	2001—2006	2007—2012
BV	0.466***	0.248***				
	（0.04）	（0.03）				
NI	0.830***	2.481***				
	（0.11）	（0.16）				
Short_invest	−0.250					
	（0.20）					
Long_invest	0.116**					
	（0.05）					
NI_invest	0.681***	−0.524***				
	（0.16）	（0.18）				
Trading		−5.573***				
		（0.74）				
AFS		0.222**				
		（0.10）				
Long_equity		0.0670				
		（0.04）				
FVC		2.066*				
		（1.13）				
NI/Pt−1			0.379***	0.901***		
			（0.06）	（0.16）		
NI_invest/Pt−1			0.403***	0.653***		
			（0.08）	（0.22）		
FVC/ Pt−1				0.832		
				（1.52）		
ΔNI/Pt−1					0.235***	1.140***
					（0.04）	（0.15）
ΔNI_invest/Pt−1					0.277***	1.080***
					（0.08）	（0.24）
ΔFVC/Pt−1						1.574
						（1.53）
SIZE			0.065***	−0.024***	0.085***	−0.016**
			（0.01）	（0.01）	（0.01）	（0.01）
CONS	8.038***	12.431***	−1.566***	2.520***	−1.734***	0.808***
	（0.30）	（0.22）	（0.20）	（0.15）	（0.17）	（0.14）
样本量	5 562	8 807	4 240	7 676	4 240	7 676
R2值	0.542	0.261	0.537	0.668	0.076	0.087
调整的R2值	0.418	0.032	0.536	0.668	0.074	0.086
F值	517.3	198.0	239.2	1 715	49.40	81.44

注：（1）表中***、**和*分别表示在1%，5%和10%的显著性水平上显著；（2）表中括号里的数值是各回归系数的标准差。

同，现行规则下股权投资会计信息的调整解释力大于旧规则下股权投资会计信息（0.668>0.536），一定程度上表明现行规则下股权会计信息的价值相关性大于旧规则下股权投资会计信息。变动报酬模型的检验结果显示新旧股权投资会计规则下投资收益信息的回归系数均在1%的显著性水平内显著为正，但是现行股权会计规则下公允价值变动损益信息的回归系数并未在可接受的显著性水平内显著。尽管如此，新旧股权投资会计规则下会计信息在一定程度上均具有价值相关性，但是现行规则下股权投资会计信息的调整解释力大于旧规则下股权投资会计信息（0.086>0.074），也一定程度上表明现行股权投资会计规则下相关会计信息的价值相关性大于旧股权投资会计规则下相关会计信息，即报酬模型的初步检验结果一定程度上支持了本书的研究假设2。

新旧股权投资会计规则下会计信息价值相关性的价格模型和报酬模型的检验结果并未得出一致的结论。在价格模型中得出现行股权投资会计规则下相关会计信息的价值相关性并不如旧股权投资会计规则下相关会计信息，在报酬模型中现行股权投资会计规则下相关会计信息的价值相关性大于旧股权投资会计规则下相关会计信息，但是从报酬模型中股权投资会计信息对持有期回报率的解释力来看，新旧股权投资会计规则下会计信息的调整R2值的大小差异甚微，在统计上不显著。

为此，本书利用2006年上市公司既按照旧股权投资会计规则生成相关会计信息又按照新股权投资会计规则调整上市公司2006年度的股权投资会计信息这一研究机会，进一步对新旧股权投资会计规则会计信息的价值相关性进行Vuong检验，检验结果见表4-8。

由表4-8关于新旧规则下股权投资会计信息价值相关性的价格模型和报酬模型的检验结果可知，按照新旧股权投资会计规则生成的2006年沪深两市上市公司的股权投资会计信息均具有价值相关性。从价格模型来看，2006年沪深两市上市公司按照旧股权投资会计规则生成的投资收益信息的回归系数在1%的显著性水平下显著为正，但是按照现行股权投资会计规则生成的可供出售金融资产和投资收益信息的回归系数在5%的显著性水平下显著为正，即表明新旧股权投资会计规则下相关股权会计信息均具有价值相关性。但是新旧股权投资会计规则下会计信息价值相关性的Vuong检验结果并不显著，一定程度上表明了新旧股权投资会计规则下相关股权投资会计信息的价值相关性不具有差异性，即价格模型的Vuong检验结果最终并不支持研究假设2。

从报酬模型来看，2006年沪深两市上市公司按照旧股权投资会计规则生成的投资收益变动信息的回归系数在1%的显著性水平上显著为负，但是按照现行股权投资会计规则调整后的投资收益的变动信息的回归系数在5%的显著性水平上显著为负，一定程度上表明新旧股权投资会计规则下相关股权投资会计信息均

表4-8　　　　　　比较新旧股权投资会计信息价值相关性的Vuong检验结果

自变量	价格模型		报酬模型	
	模型4-4	模型4-1	模型4-6	模型4-3
	旧准则	新准则	旧准则	新准则
BV	0.691***	0.636***		
	(0.09)	(0.09)		
NI	1.502***	1.614***		
	(0.29)	(0.30)		
Short_invest	1.270	2.332		
	(2.41)	(3.57)		
Long_invest	0.0110	0.0280		
	(0.15)	(0.15)		
AFS_invest		0.467**		
		(0.22)		
NI_invest	2.004***	1.913**		
	(0.75)	(0.75)		
FVC		−4.129		
		(6.21)		
$\Delta NI/P_{t-1}$			0.0470	0.0420
			(0.05)	(0.05)
$\Delta NI\_invest/P_{t-1}$			−0.250***	−0.234**
			(0.10)	(0.09)
$\Delta FVC/P_{t-1}$				1.111
				(0.72)
SIZE			0.181***	0.181***
			(0.03)	(0.03)
CONS	10.371***	10.549***	−0.624***	−0.626***
	(0.51)	(0.52)	(0.08)	(0.08)
样本量	951	951	951	951
R2值	0.246	0.249	0.0440	0.0440
调整的R2值	0.242	0.244	0.0410	0.0400
F值	61.63	44.72	15.65	13.93
Vuong统计量	− 0.7908		0.3306	
p-value	0.4291		0.7410	

注：（1）表中***，**和*分别表示在1%，5%和10%的显著性水平上显著；（2）表中括号里的数值是各回归系数的标准差。

具有价值相关性。但是新旧股权投资会计规则下会计信息价值相关性的Vuong检验结果并不显著，也进一步表明新旧股权投资会计规则下相关股权投资会计信息的价值相关性并不具有显著差异，即报酬模型的Vuong检验结果最终也不支持本书的研究假设2。

以上价值相关性的检验结果均在一定程度上表明新旧股权投资会计规则下会计信息具有价值相关性，但是新旧规则下股权投资会计信息价值相关性的Vuong检验结果并不显著，表明上述关于比较新旧股权投资会计规则下会计信息价值相关性的检验结果最终并未支持本书的研究假设2，即按照现行股权投资会计规则生成的相关股权投资会计信息的价值相关性并没有比旧股权投资会计规则下相关股权投资会计信息的价值相关性有所提高。

4.2 股权投资会计信息有用性检验：基于盈余管理视角

本书尝试检验现行股权投资会计规则可能带来的盈余管理行为，从而评价股权投资会计信息的可靠性，进而评价现行股权投资会计规则下会计信息的有用性。盈余管理这一概念尚无定论，Healy（1985）指出盈余管理的目的在于通过改变企业的财务报告以实现误导投资者或影响企业契约的结果；Schipper（1989）认为盈余管理是企业管理当局有目的控制财务报告的对外报告，从而牟取某些私利的"披露管理"；Scott（1997）认为盈余管理是指企业管理当局利用可以自由选择会计政策的权利，从而最大化自身利益或企业价值；之后，Healy和Wahlen（1999）进一步指出盈余管理是指"企业管理当局在编制财务报告和规划交易过程中运用个人判断来改变财务报告的数字，达到误导那些以公司的经济业绩为基础的利益关系人的决策或者影响那些以会计报告数字为基础的契约结果的目的"。虽然盈余管理的含义尚未达成一致，但是已有研究关于这个概念的定义存在共性，即盈余管理的动机是为了实现企业管理当局的利益，实现的手段是利用会计弹性改变对外财务报告。据此可以推断，盈余管理行为会对财务报告信息质量，尤其是盈余信息质量产生重大影响。已有较多研究表明企业操纵盈余行为越多，企业盈余质量越差，如纪信义和曹寿民（2010）表明企业通过盈余管理行为达到"门槛"，从而降低了财务信息的可靠性。因此，本书认为通过检验企业是否利用股权投资会计规则进行盈余管理行为可以一定程度上评价股权投资会计信息的可靠性，进而评价现行股权投资会计规则下会计信息对主要信息使用者的有用性。

另外，已有研究指出中国企业管理当局的财务报告动机更多受到与会计业绩相关的契约影响，而非会计信息目标（He等，2012）。例如，一个上市公司连续三年发生亏损则会被退市。监管部门如此规定会造成企业管理层为了维持其上市地位而产生强烈的盈余管理动机。蒋义宏（1998）、Haw 等（1998）、孙铮和王跃堂（1999）和陈小悦等（2000）等学者认为我国独特的经济环境和公司治理结构使得我国盈余管理的主要动机为：规避证监会的监管，取得融资、再融资和保住上市资质。Piotroski 和 Wong（2010）指出中国的 ST 机制、退市机制，以及 IPO 机制都影响企业对外财务报告信息的需求和供给。Aharony 等（2000）也指出中国企业为了实现 IPO 目标而利用酌量性应计会计调升会计盈余。Chen 和 Yuan（2004）、Haw 等（2005）发现中国企业通过盈余管理行为以满足监管部门关于上市的盈余门坎，Jian 和 Wong（2010）表明中国企业通过关联方交易调增企业会计盈余从而达到避免亏损的目的。

　　根据已有研究对盈余管理概念的定义可知，企业管理当局主要利用会计弹性进行盈余管理，而我国现行股权投资会计规则下存在较大的会计处理弹性，如公允价值法和权益法的适用标准的判断。另外，根据本书第3章对股权投资会计规则缺陷的理论分析，以及第5章实务界专业人士关于现行股权投资会计规则的评价，可以推断公允价值法和权益法极易被企业管理当局利用于盈余管理。因此，本书主要从公允价值法和权益法两个方面检验企业是否存在利用股权投资会计规则进行盈余管理行为，从而评价股权投资会计信息的可靠性，进而评价现行股权投资会计规则下会计信息的有用性。

4.2.1 理论分析与研究假设

1. 关于企业利用公允价值法进行盈余管理的假设

　　我国旧股权投资会计规则规定，对交易性的权益证券采用成本与市价孰低法来核算，而现行股权投资会计规则则规定采用公允价值进行核算，且将公允价值变动计入损益。现行股权投资会计规则如此规定目的是为了提供给信息使用者关于股权投资相关的会计信息。然而，一旦公允价值法的使用与企业管理当局为实现企业盈余监管规定的目标相冲突时，那么管理当局很可能采取行动去抵制这一负面影响。出售可供出售金融资产就是其中的一个可能行动。按照现行股权投资会计规则的相关规定可知，可供出售金融资产在持有期间的公允价值变动被计入资本公积，不影响企业的会计盈余；在出售时，将计入资本公积的累积公允价值变动转出至投资收益，从而由资产负债表转至利润表，影响企业的会计盈余。如此可以通过股权投资出售时机的选择而实现盈余管理目标（叶建芳等，2009）。在我国几乎所有的可供出售金融资产都是上市公司的股票（He 等，2012），由于存在活跃的交易市场，所以可供出售金融资产很容易被出

95

售。另外，对于通过操纵企业销售活动等交易型盈余管理而言，出售可供出售金融资产对企业的经营情况影响很小；而且相对于应计型盈余管理而言，也很少可能被审计师盘问和质疑。

进一步地，由前文关于我国盈余管理动机的分析可知，我国企业管理当局有强烈的"避亏"动机（Piotroski 和 Wong，2010；Jian 和 Wong，2010；He 等，2012）。因此，当企业的公允价值变动损益小于零时，这一经济事项会降低企业的盈余，在盈余管理动机下，企业会采取行动去抵消这一负面影响。当企业如果没有来自交易性金融资产或可供出售金融资产的收益（gains）就会出现亏损时，企业管理当局有更强的动机进行盈余管理行为从而实现"扭亏为盈"的盈余目标。那么出售可供出售金融资产则是一个很好的手段。基于上文的分析，本书提出假设3：

H3：当企业扣除来自交易性金融资产或可供出售金融资产的收益就会出现亏损时，企业会选择出售可供出售金融资产以实现"扭亏为盈"的盈余目标。

2. 关于企业利用权益法进行盈余管理的假设

现行股权投资会计规则规定在母公司报表中采用权益法对具有共同控制和重大影响的股权投资采用权益法进行核算。权益法下需要以被投资企业当期实现的净利润为基准，根据对被投资企业的持股比例确认当期实现的投资收益。而现行股权投资会计规则关于权益法适用的标准，由过去的数量标准演变为了定性标准，给予企业管理当局更大的股权投资会计处理弹性。越大的会计弹性给企业管理当局越大的盈余管理机会和空间，那么权益法也给企业管理当局提供了较多的盈余管理机会和空间。利用权益法进行盈余管理不会像通过交易型盈余管理（如操控销售活动）那样对企业的经营能力带来损害。李彬等（2009）的研究也发现会计弹性与交易型盈余管理存在此消彼长的关系，即企业的会计弹性越大，则越少会通过操控真实交易活动实现盈余目标。但如果不进行盈余管理而错失盈余目标将给企业带来严重的后果（Matsunaga 和 Park，2001；Kasznik 和 McNichols，2002；Engel 等，2003；Hribar 等，2006），因此，利用权益法进行盈余管理则成为企业管理当局的选择。

另外，非经常性损益项目也是企业盈余管理的惯用手段（Russell 等，1989；蒋宏义和魏刚，2001；蒋宏义和王丽琨，2003），频频被企业被用于扭亏（Paul 等，1991；徐晓伟等，2003；魏涛等，2007）。非经常性损益是企业正常经营以外一次性的或偶发性的损益。重大自然灾害造成的资产减值或者资产处置损失等也属于非经常性损益。如此看来，非经常性损益并非总是有利于增加企业会计盈余的。根据已有的研究可知一旦出现降低企业管理当局实现企业盈余能力的事项，企业管理当局即会采取行动抵消这一负面影响，如采用最大化权益法核算股权投资收益抵消非经常性损益给企业会计盈余带来的负面影响。

进一步地，根据已有的研究可知由于我国企业经济环境、公司治理结构，以及监管机制与西方国家不同，扭亏则是我国企业主要的盈余管理动机（陆建桥，1999；陈晓和戴翠玉，2004；Haw等，1998；徐晓伟等，2003；薛爽，2005）。因此，当企业没有来自非经常性收益和权益法核算下的投资收益就会出现亏损时，企业有更强的动机进行盈余管理行为从而实现"扭亏为盈"的会计盈余目标。那么最大化权益法核算的投资收益就是一个较好的手段，鉴于此，本书提出假设4：

H4：当企业扣除非经常性损益和权益法下投资收益就会出现亏损时，企业会选择最大化权益法下投资收益以实现"扭亏为盈"的盈余目标。

4.2.2 研究设计

1.模型设计

（1）检验假设3的模型设计

在没有盈余管理的动机下，公允价值变动损益与出售可供出售金融资产将没有负相关关系。当存在盈余管理动机，而且企业扣除交易性金融资产公允价值变动损益和可供出售金融资产实现的投资收益就会出现亏损时，企业将有强烈的动机实现扭亏为盈。那么企业将选择出售可供出售金融资产来实现这一盈余管理目标。本书借鉴He等（2012）的做法联合利用模型4-7、模型4-8和模型4-9来检验假设3。

$$G/L_{j,t} = \gamma_0 + \gamma_1 \times FVC_{j,t} + \gamma_2 \times NI\_G_{j,t}/L\_FVC_{j,t} + \gamma_3 \times SIZE_{j,t} +$$
$$\gamma_4 \times LEV_{j,t} + \gamma_5 \times CFO_{j,t} + \gamma_6 \times WC_{j,t} + \eta_t \qquad \text{模型 4-7}$$

$$G/L_{j,t} = \phi_0 + \phi_1 \times LA\_G/L_{j,t} + \phi_2 \times NI\_G_{j,t}/L\_FVC_{j,t} + \phi_3 \times SIZE_{j,t} +$$
$$\phi_4 \times LEV_{j,t} + \phi_5 \times CFO_{j,t} + \phi_6 \times WC_{j,t} + \omega_t \qquad \text{模型 4-8}$$

$$G/L_{j,t} = \varphi_0 + \varphi_1 \times FVC_{j,t} + \varphi_2 \times LA\_G/L_{j,t} + \varphi_3\ FVC_{j,t} \times LA\_G/L_{j,t} +$$
$$\varphi_4 \times NI\_G/L\_FVC_{j,t} + \varphi_5 \times SIZE_{j,t} + \varphi_6 \times LEV_{j,t} + \varphi_7 \times CFO_{j,t} + \varphi_8 \times WC_{j,t} + \mu_t \qquad \text{模型 4-9}$$

为了检验假设3，主要观测 φ_3 的符号和显著性。当 $\varphi_3 < 0$，且在本书可接受的显著性水平内显著，则表明假设3得证。

（2）检验假设4的模型设计

同理，在没有盈余管理动机下，企业非经常性损益与权益法下确认的投资收益也没有相关关系。因为大多情况下非经常性损益为正时与企业管理层要使企业盈余达到盈余监管标准的动机并不冲突，盈余管理更容易发生在非经常性损益为负，而且没有来自非经常性损益和权益法下投资收益企业将会出现亏损，所以本书借鉴 He et al.（2012）的做法联合利用模型 4-10、模型 4-11 和模型 4-12 来检验假设4。

$$NI\_assoc_{j,t} = \alpha_0 + \alpha_1 \times NI\_other_{j,t} + \alpha_2 \times NI\_assoc\_other_{j,t} + \alpha_3 \times SIZE_{j,t} +$$
$$\alpha_4 \times LEV_{j,t} + \alpha_5 \times CFO_{j,t} + \alpha_6 \times WC_{j,t} + \varepsilon_t \qquad \text{模型 4-10}$$

$$NI\_assocj,t=\beta0+\beta1\times LA\_assoc\_otherj,t+\beta2\times NI\_assoc\_otherj,t+\beta3\times SIZEj,t+$$
$$\beta4\times LEVj,t+\beta5\times CFOj,t+\beta6\times WCj,t+\xi t \qquad 模型4-11$$

$$NI\_assocj,t=\gamma0+\gamma1\times NI\_otherj,t+\gamma2\times LA\_assoc\_otherj,t+\gamma3\_other\times LA\_j,t+$$
$$\gamma4\times NI\_assoc\_otherj,t+\gamma5\times SIZEj,t+\gamma6\times LEVj,t+$$
$$\gamma7\times CFOj,t+\gamma8\times WCj,t+\omega t \qquad 模型4-12$$

为了检验假设4，主要观测$\varphi3$的符号和显著性。当$\varphi3<0$，且在本书可接受的显著性水平内显著，则表明假设4得证。

2.变量定义

上述研究模型中的变量符号及定义见表4-9。

表4-9 变量符号及定义

变量类型	变量符号	变量定义
被解释变量	G/Lj,t	为j公司第t年度出售可供出售金融资产实现的损益，其计量方法为j公司第t年度母公司财务报表中投资收益-合营/联营企业实现的投资收益-当期的应收股利变动额
	NI_assocj,t	为j公司第t年度母公司财务报表中对合营企业和联营企业股权投资实现的投资收益
解释变量	FVCj,t	为j公司第t年度交易性金融资产公允价值变动损益
	NI_Gj,t/L_FVCj,t	为j公司第t年度扣除G/Lj,t和FVCj,t后的净利润
	LA_G/Lj,t	为虚拟变量，当j公司第t年度的净利润大于0但是扣除G/Lj,t和FVCj,t后却小于0时，令其等于1，否则为0
	FVCj,t×LA_G/Lj,t	为FVCj,t和LA_G/Lj,t的交互项
	NI_otherj,t	为j公司第t年度母公司财务报表中非经常性损益
	NI_assoc_otherj,t	为j公司第t年度扣除NI_assocj,t和NI_otherj,t后的净利润
	LA_assoc_otherj,t	为虚拟变量，当j公司第t年度的净利润大于0但扣除NI_assocj,t和NI_otherj,t后小于0时，令其为1，否则为0
	_other×LA_j,t	为LA_assoc_otherj,t和NI_otherj,t的交互项
控制变量	SIZEj,t	代表公司规模，为j公司第t年末母公司财务报表中的资产总额的自然对数
	LEVj,t	代表j公司第t年末的偿债能力，为j公司第t年末母公司财务报表中的年末负债总额除以资产总额
	CFOj,t	为j公司第t年末母公司财务报表中经营活动净现金流量
	WCj,t	为营运资金，等于j公司第t年末流动资产减去流动负债

注：表中的被解释变量、解释变量中的FVCj,t、NI_Gj,t/L_FVCj,t、NI_otherj,t和NI_assoc_otherj,t以及控制变量中的CFOj,t和WCj,t均用j公司第t年末母公司报表中资产总额去规模化。

3.样本选择和数据来源

本书研究模型4-7、模型4-8、模型4-9、模型4-10、模型4-11和模型4-12
中变量的数据均来自RESSET金融研究数据库。本书选择在上海证券交易所和深
圳证券交易所上市的除金融保险业以外所有的A股上市公司作为研究样本，样本
区间从2007年到2012年。由于我国新股权投资会计规则从2007年1月1日起开
始实施，所以这六个模型的研究期间从2007年开始。

本书运用stata12.0计量软件对样本数据进行处理和模型估计。

4.2.3 实证检验与结果分析

1.描述性统计

以下对为了检验研究假设3和假设4成立与否的模型4-7、模型4-8、模型
4-9、模型4-10、模型4-11和模型4-12中的主要变量进行了描述性统计和分析。

（1）假设3检验模型中主要变量的描述性统计

表4-10列示了存在交易性金融资产公允价值变动损益样本的行业分布情况，
以及通过出售可供出售金融资产进行盈余管理模型设定中主要变量的描述性统
计。由表4-10中的Panel A可知存在交易性金融资产公允价值变动损益的样本
公司为2 206家，涵盖了我国上市公司中的所有行业，主要分布在制造业中，有
1 320家样本公司（占比为59.82%）；信息技术业、批发零售业和房地产业，分别
有174家样本公司（占比为7.89%）、171家样本公司（占比为7.77%）和126家样本
公司（占比为5.69%）；剩下的其他8个行业的样本公司的分布大概一致，样本公司
数量均在100家以下。这些观测样本用于模型4-7、模型4-8和模型4-9中的检验。

表4-10 假设3检验模型中主要变量的描述性统计

Panel A 存在交易性金融资产公允价值变动损益样本的行业分布情况		
行业	样本量	占比
农林牧渔业	52	2.36%
采掘业	35	1.59%
制造业	1 320	59.82%
电力、煤气及水的生产和供应	71	3.21%
建筑业	41	1.87%
交通运输、仓储业	37	1.67%
信息技术业	174	7.89%
批发零售业	171	7.77%
房地产业	126	5.69%
社会服务业	65	2.97%
传播文化产业	46	2.07%
综合类	68	3.09%
合计数	2 206	100.00%

Panel B 描述性统计

变量	平均值	标准差	最小值	中位数	最大值	样本量
G/L	0.022	0.056	−0.084	0.005	1.556	2 206
FVC	−0.001	0.037	−1.640	0	0.325	2 206
NI_G/L_FVC	3.924	182.0	−0.759	0.024	8 548	2 206
LA_G/L	0.164	0.370	0	0	1	2 206
FVC×LA_G/L	0.001	0.009	−0.0500	0	0.325	2 206
SIZE	21.27	1.214	10.84	21.190	25.97	2 206
LEV	0.514	3.505	−0.003	0.414	142.7	2 206
CFO	0.038	0.110	−0.719	0.033	1.680	2 206
WC	0.055	3.406	−141.7	0.127	0.969	2 206

同样地，模型4-7、模型4-8和模型4-9中主要变量的描述性统计如表4-10中的Panel B的统计结果所示。平均而言，出售可供出售金融资产实现的损益（G/L）占据年末资产总额大致2.20%的比例。交易性金融资产公允价值变动损益占据年末资产总额的平均值为−0.1%。另外，根据表4-10中的Panel B的统计结果可知除了NI_G/L_FVC外，其他变量的平均值和中位数较为接近，且其标准差也不大，一定程度上表明这些研究变量的分布服从正态分布。扣除G/L和FVC后净利润占据年末资产总额的比值（NI_G/L_FVC）的平均值和中位数的差异较大，且标准差也较大（达182.0），再则NI_G/L_FVC也出现了异常值，其最大值达到8 548，为了剔除极端值对检验结果的影响，本书还对NI_G/L_FVC在1%和99%的水平上进行了缩尾（Winsorization）处理。另外还对实证模型中的其他连续变量也在1%和99%的水平上进行缩尾处理。

（2）假设4检验模型中主要变量的描述性统计

表4-11列示了样本中非经常性损益项目的行业分布情况，以及通过权益法核算下的股权投资进行盈余管理模型设定中主要变量的描述性统计。由表4-11中的Panel A可知样本公司为5 446家，涵盖了我国上市公司中的所有行业，主要分布在制造业中，有3 300家样本公司（占比为60.59%）；信息技术业、批发零售业和房地产业，分别有456家样本公司（占比为8.38%）、313家样本公司（占比为5.74%）和307家样本公司（占比为5.63%）；剩下的其他8个行业的样本公司的分布大概一致，样本公司数量均在200家以下。这些样本用于模型4-10、模型4-11和模型4-12的检验。

表4-11列示了为了检验本书研究假设4的研究模型4-10、模型4-11和模型4-12中主要变量的描述性统计情况。由表4-11可知，平均而言，母公司报表中投资收益项目下的对合营企业和联营企业的投资收益占据年末资产总额的比重（NI_assoc）为0.6%；母公司报表中非经常性损益占年末资产总额比重（NI_other）的平均值为−8.7%，而其最小值则小到母公司报表中非经常性损益为年末资

产总额的 $-1\,500$ 倍，且 NI_other 的平均值与中位数相差较大，标准差也较大，一定程度上表明 NI_other 存在极端值，为了剔除极端值对检验结果的影响，本书对 NI_other 在 1% 和 99% 的水平上进行了缩尾（Winsorization）处理。另外，为了避免其他连续变量出现异常值从而可能影响检验结果，本书也对其他连续变量在 1% 和 99% 的水平上进行了缩尾处理。

表4-11　　　　　　　　假设4检验模型中主要变量的描述性统计

Panel A 样本非经常性损益项目的行业分布情况

行业	样本量	占比
农林牧渔业	107	1.96%
采掘业	136	2.51%
制造业	3 300	60.59%
电力、煤气及水的生产和供应业	172	3.16%
建筑业	115	2.10%
交通运输、仓储业	147	2.69%
信息技术业	456	8.38%
批发零售业	313	5.74%
房地产业	307	5.63%
社会服务业	172	3.16%
传播文化产业	88	1.62%
综合类	134	2.46%
合计数	5 446	100.00%

Panel B 描述性统计

变量	平均值	标准差	最小值	中位数	最大值	样本量
NI_assoc	0.006	0.028	−0.210	0	1.046	5 446
NI_other	−0.087	12.70	−1 500	0.002	2.748	5 446
LA_assoc_other	0.099	0.298	0	0	1	5 446
other×LA	0.006	0.028	−0.002	0	1.034	5 446
NI_assoc_other	−0.040	4.364	−320.0	0.011	34.53	5 446
SIZE	20.910	1.261	10.84	20.89	25.97	5 446
LEV	0.567	8.737	−0.003	0.416	1013	5 446
CFO	0.049	0.583	−24.97	0.039	63.62	5 446
WC	0.010	8.104	−935.3	0.127	1	5 446

2.假设3和假设4检验模型中主要变量的相关系数情况

表4-12列示了模型4-7、模型4-8、模型4-9、模型4-10、模型4-11和模型4-12中主要变量的相关系数。由表4-11可知，检验研究假设3成立与否的关键变量FVC×LA_G/L与被解释变量G/L的相关系数为-0.018，且在1%的显著性水平下显著负相关；检验研究假设4成立与否的关键变量_other×LA_与被解释变量NI_assoc的相关系数分别为-0.424，且在1%的显著性水平下显著，相关系数的负向关系与研究假设相一致。

表4-12　　　　　　　假设3和假设4检验模型中主要变量的相关系数表

变量	G/L// NI_assoc	FVC// NI_other	LA_G/L	FVC*LA _G/L	NI_G/ L_FVC	SIZE	LEV	CFO	WC
G/L// NI_assoc	1	0.013	−0.332***	−0.018***	−0.115***	−0.038*	0.277***	−0.084***	−0.259***
FVC// NI_other	0.004	1	0.041*	0.234***	−0.094***	0.175***	−0.825***	−0.314***	0.846***
LA_G/L	0.305***	0.004	1	0.136***	−0.354	0.112***	−0.012	−0.165***	0.000
FVC× LA_G/L	−0.424***	0.004	0.684***	1	−0.065***	0.001	0.002	−0.022	−0.001
NI_G/ L_FVC	−0.004	0.994***	0.001	−0.002	1	−0.258***	0.093***	0.401***	−0.075***
SIZE	0.026*	0.057***	0.195***	0.104***	0.097***	1	−0.205***	−0.189***	0.202***
LEV	0.004	−0.967***	−0.006	−0.005	−0.982***	−0.094***	1	0.271***	−0.997***
CFO	−0.103***	0.002	−0.026***	−0.024***	0.012	−0.049***	0.008	1	−0.278***
WC	0.002	0.963***	0.001	0.001	0.982***	0.093***	−0.999***	−0.009	1

注：（1）表中***、**和*分别表示在1%，5%和10%的显著性水平上显著；（2）表中右上角列示的是模型4-7、模型4-8、模型4-9中主要变量的相关系数，左下角列示模型4-10、模型4-11和模型4-12中主要变量的相关系数。此外，模型4-7、模型4-8、模型4-9中的变量LA_G/L和FVC×LA_G/L分别对应模型4-10、模型4-11和模型4-12中的变量LA_assoc_other和_other×LA_。

3.实证检验结果与分析

以下分别对研究假设3和假设4的实证检验结果进行分析。

（1）假设3的实证检验结果与分析

表4-13列示了假设3检验模型的回归结果。由表4-13可知未控制行业和控

制行业的检验模型的关键变量（FVC×LA_G/L）的回归系数均在1%的显著性水平上显著为负，表明有强烈"避亏"动机的企业会选择出售可供出售金融资产实现"扭亏为盈"的盈余管理目标，本书的检验结果支持了假设3。总的来说，表4-13的检验结果表明当企业管理层有强烈的动机达到上市公司盈余监管标准时，企业管理当局会选择利用股权投资会计规则关于公允价值法的相关规定进行盈余管理。另外，本书的检验结果也支持了监管因素会影响可供出售金融资产运用的这一观点。

表4-13　　　　　　　　　　假设3检验模型的回归结果

变量	未控制行业			控制行业		
	模型4-7	模型4-8	模型4-9	模型4-7	模型4-8	模型4-9
FVC	1.088***		1.374***	1.029***		1.335***
	（0.319）		（0.207）	（0.310）		（0.201）
LA_G/L		0.053***	0.050***		0.050***	0.049***
		（0.006）	（0.005）		（0.006）	（0.005）
FVC×LA_G/L			−1.573***			−1.557***
			（0.238）			（0.229）
NI_G/L_FVC	−0.101***	−0.060**	−0.0160	−0.088***	−0.052**	−0.0120
	（0.021）	（0.025）	（0.015）	（0.021）	（0.023）	（0.015）
SIZE	−0.0010	−0.0020	−0.0020	−0.0020	−0.003*	−0.002*
	（0.001）	（0.001）	（0.001）	（0.001）	（0.002）	（0.001）
LEV	0.019*	0.062*	0.015**	0.024**	0.066*	0.017***
	（0.011）	（0.035）	（0.006）	（0.012）	（0.035）	（0.006）
CFO	−0.028**	−0.031**	−0.0160	−0.024*	−0.026**	−0.0140
	（0.013）	（0.012）	（0.011）	（0.013）	（0.011）	（0.011）
WC	0.0050	0.059*	−0.0020	0.0110	0.063*	0.0010
	（0.012）	（0.035）	（0.006）	（0.013）	（0.035）	（0.007）
CONS	0.0390	0.0220	0.042*	0.0410	0.0330	0.0410
	（0.027）	（0.025）	（0.024）	（0.028）	（0.026）	（0.025）
IND	未控制	未控制	未控制	控制	控制	控制
样本量	2 206	2 206	2 206	2 206	2 206	2 206
R2值	0.279	0.272	0.404	0.298	0.295	0.414
调整的R2值	0.277	0.271	0.402	0.293	0.290	0.409
F值	11.54	20.77	21.51	6.564	9.385	12.11

注：（1）表中***、**和*分别表示在1%，5%和10%的显著性水平上显著；（2）表中括号里的数值是各回归系数的标准差。

（2）假设4的实证检验结果与分析

表4-14列示了假设4检验模型的回归结果。由表4-14可知检验研究假设4的未控制行业和控制行业的检验模型中的关键变量_other×LA_的回归系数均在1%的显著性水平下显著为负，检验结果支持了本书的研究假设4。检验结果表明有"避亏"动机的企业，会选择通过最大化权益法下投资收益来实现扭亏为盈的盈余目的。

表4-14　　　　　　　　　　　　　假设4检验模型的回归结果

变量	未控制行业			控制行业		
	模型4-16	模型4-17	模型4-18	模型4-16	模型4-17	模型4-18
NI_other	0.0065*		0.0039	0.0067*		0.0043
	（0.003）		（0.003）	（0.003）		（0.003）
LA_assoc_other		0.0182***	0.0026		0.0188***	0.0033
		（0.002）	（0.004）		（0.002）	（0.004）
other×LA			−0.2421***			−0.2419***
			（0.073）			（0.073）
NI_assoc_other	−0.0138*	−0.0006	−0.0084	−0.0142*	−0.0005	−0.0091
	（0.007）	（0.001）	（0.006）	（0.007）	（0.001）	（0.006）
SIZE	0.0006	−0.0002	0.0004	0.0007	−0.0002	−0.004***
	（0.001）	（0.001）	（0.001）	（0.001）	（0.001）	（0.001）
LEV	−0.0090**	−0.0066**	−0.0008	−0.0076*	−0.0053*	0.0009
	（0.004）	（0.003）	（0.003）	（0.004）	（0.003）	（0.003）
CFO	−0.0253***	−0.0132*	−0.0009	−0.0255***	−0.0143*	−0.0017
	（0.008）	（0.008）	（0.008）	（0.008）	（0.008）	（0.008）
WC	−0.0157***	−0.0069**	−0.0043*	−0.0144***	−0.0056	−0.0028
	（0.004）	（0.003）	（0.003）	（0.004）	（0.003）	（0.003）
CONS	−0.0003	0.0098	−0.0055	−0.0095	0.0037	−0.0131
	（0.014）	（0.014）	（0.015）	（0.016）	（0.015）	（0.016）
IND	未控制	未控制	未控制	控制	控制	控制
样本量	5 446	5 446	5 446	5 446	5 446	5 446
R2值	0.0409	0.0980	0.188	0.0464	0.105	0.196
调整的R2值	0.0398	0.0970	0.187	0.0434	0.102	0.193
F值	11.19	17.48	25.06	4.755	7.735	69.54

注：（1）表中***、**和*分别表示在1%，5%和10%的显著性水平上显著；（2）表中括号里的数值是各回归系数的标准差。

假设3和假设4的检验结果分别表明，有"避亏"动机的上市公司存在利用股权投资会计规则关于公允价值法和权益法的相关规定进行盈余管理的行为。这一研究发现也表明上市公司的股权投资会计信息的可靠性不高，从而降低了股权投资会计信息的有用性。

4.3　本章小结

本章从价值相关性角度对现行股权投资会计信息的相关性和可靠性（如实反映）这两个有用财务信息的基本质量特征进行联合检验，并从盈余管理角度进一步对现行股权投资会计信息的可靠性进行评价，进而评价现行股权投资会计信息的有用性。结合第3章的理论推导和第5章的实地调研结果，本书根据股权投资会计信息的价值相关性提出了两个假设，根据股权投资会计规则的缺陷可能带来的盈余管理也提出了两个假设，且利用我国沪深两市A股上市公司的经验数据分别进行检验，从而得出了如下几个主要检验结果：

（1）按照我国现行股权投资会计规则生成的股权投资会计信息具有价值相关性。具体而言，从现行股权投资会计信息的价格模型的模拟结果来看，交易性金融资产、可供出售金融资产、投资收益和交易性金融资产公允价值变动损益等股权投资会计信息具有价值相关性，但是长期股权投资会计信息却没有价值相关性；从现行股权投资会计信息的水平报酬模型和变动报酬模型的模拟结果来看，按照现行股权投资会计规则生成的投资收益信息具有价值相关性，但是公允价值变动损益信息却没有价值相关性。

（2）相对于旧股权投资会计规则而言，按照我国现行股权投资会计规则生成的会计信息的价值相关性并没有提高。具体体现在，根据股权投资会计信息价值相关性的价格模型和报酬模型的模拟结果进行的Vuong检验结果，按照新旧股权投资会计规则生成的会计信息对于股价和超额累计回报率的解释并不存在差异，从而可以推断按照新旧股权投资会计规则生成的股权投资会计信息的价值相关性大小也不存在差异。

（3）现行股权投资会计规则关于公允价值法的相关规定存在缺陷，上市公司存在利用这一规定进行盈余管理行为，从而导致股权投资会计信息的可靠性不强，进而导致按照现行股权投资会计规则生成的股权投资会计信息的有用性并没有显著提高。另外，现行股权投资会计规则关于权益法的适用规定也存在缺陷，容易被企业管理当局用于盈余管理，而且也存在上市公司利用权益法最大化企业的会计盈余的行为，从而导致股权投资会计信息的可靠性不强。

总体上而言，虽然按照现行股权投资会计规则生成的股权投资会计信息具有价值相关性，但是相对于旧股权投资会计规则而言，按照现行股权投资会计规则生成的会计信息的价值相关性并没有增强，表明现行股权投资会计信息的有用性并没有提高。此外，现行股权投资会计规则关于公允价值法的相关规定和权益法的适用规定存在缺陷，导致这两种股权投资会计方法容易被企业管理当局用于盈余管理，而且也存在上市公司利用这两种方法的相关规定进行"扭亏为盈"的盈余管理行为，从而导致股权投资会计信息的可靠性不强，进而降低股权投资会计信息的有用性。第4章的实证检验结果与本书第3章关于股权投资会计规则缺陷的理论分析和第5章对实务界专业人士的调研结果进行了相互印证，尽可能提高了检验结果的信度和效度。

5 股权投资会计规则评价与信息有用性的调查研究

为了与第 3 章关于现行股权投资会计规则缺陷的理论评价和模拟演绎分析出的企业利用股权投资会计方法的转换调节利润的事实，从而导致企业生成的股权投资会计信息的有用性不高等理论评价进行相互印证，以及为了与第 4 章的实证检验进行佐证，并为第 4 章实证检验发现问题做出解释。本书还尝试通过实地访谈和问卷调查等方法试图了解和掌握实务界专业人士对我国股权投资会计规则变更以及现行股权投资会计中规则关于股权投资分类和会计方法相关规定的评价，并进一步了解实务界对我国现行股权投资会计规则下会计信息有用性的评价，最后了解实务界对我国股权投资会计规则的修订意见，为本书提出的政策建议提供一定程度的支撑。

5.1 研究设计与基本情况

本书主要通过实地访谈和问卷调研相辅相成的方式对股权投资会计规则的合理性、股权投资会计信息的有用性，以及股权投资会计规则的修订意见进行调查研究。在大范围调研之前，先进行小范围的实地访谈且辅以问卷调查，一是为了了解实务界专业人士对本书研究问题的看法，借以佐证本书研究问题的实践价值；二是为了了解股权投资会计规则在实务中存在的问题，从而进一步确定本书的研究重点；三是为了进一步完善大范围调研时使用的调查问卷的设计，从而提高实地调研的有效性。

5.1.1 研究设计和数据来源

本书进行了一次访谈和两次问卷调研[①]。为了提高实地调研的针对性和有效性，本书在进行大范围问卷调研（第二次）之前，预先进行了一次小范围的实地访谈且辅以问卷调查，访谈提纲和调研问卷分别见附录 1 和附录 2。

[①] 本书的访谈和问卷调研从 2013 年 6 月一直持续到 2014 年 1 月中旬。对于问卷设计也与导师私下或者在师门研讨会上多次反复讨论，历经 4 次的修改才最终确定（见附录 3：第二次调研问卷）。另外，附录 1 和附录 2 分别是预调研时采用的访谈提纲和调研问卷。

（1）在第一次实地调研时，本书作者同时对来自全国企业类会计领军（后备）人才的共6位具有高级职称的会计师（4位）和审计师（2位）进行访谈。这6位被访谈对象中有4位在各自所在公司中担任财务总监（CFO）一职，其中1位担任总经理（CEO）一职且具有财务背景，其中1位是会计师事务所的合伙人，且在创业投资基金和私募股权投资基金（PE）中担任过重要职务。值得一提的是，这6位被访谈对象均具有长期的且丰富的实务经历，对股权投资会计规则都很了解。被访谈对象的专业素质、任职情况、实务经历等均在很大程度上保证了被调研对象的有效性。

另外，被调研企业的产权性质、公司规模以及股权投资情况也在一定程度上合理保证了被调研对象的有效性。这6位被调研对象所任职公司有5家企业是国有企业，1家是民营企业；有4家是上市公司，2家是非上市公司；5家公司资产规模在4亿元以上，有1家公司资产规模在4千万元到4亿元人民币之间，且公司员工人数均在2 000人以上；6家公司均存在股权投资活动，且基本涵盖了股权投资中的所有类型，即对子公司、对合营企业投资、对联营企业投资、交易性金融资产、可供出售金融资产，以及不具有控制、共同控制或重大影响，且在活跃市场中没有报价、公允价值不能可靠计量的权益性投资。

在对调研内容进行问答时，被调研对象分别针对股权投资会计规则，尤其是股权投资的分类标准进行了较多的回答和讨论，也认为股权投资的分类标准存在值得进一步研究的问题；对于股权投资会计信息的有用性以及股权投资会计规则的修订也做了相关的回答，尤其是对于股权投资会计可靠性方面的讨论更多。被访谈对象认为现行股权投资会计规则存在的局限性，企业在进行股权投资分类或会计方法的选择时更多是基于企业管理当局的利益而非信息使用者的利益。最后，还就本书的问卷设计提出了诸多的问题，为本书问卷设计的进一步完善提供了有针对性的建议。

（2）本书在第一次实地访谈和问卷调研的基础上，结合本书的研究问题，且几经修改完善，最后形成了第二次调研的问卷（见附录3）。由于股权投资会计较为复杂繁琐，涉及的分类和方法较多，本书在问卷调研问题之前还做了简要的说明和提示，以避免被调研对象在回答问题时由于把握不准而不知道如何进行回答的情况出现。为了一定程度上佐证被调研对象的回答具有前后一贯性和可靠性，本书在问卷的选项设计上做了一定程度上的相互印证，如附录3调研问题的第3题中第（6）题、第5题中第（3）题与第7题的设计就在一定程度上能够互相印证被调研对象回答问题的可靠性和一贯性。

另外，在进行大范围调研之前，为了避免由于问卷设计或者提问方式存在不清晰或者模棱两可的地方而降低问卷调研的有效性，本书还预先就第二次调研问卷邀请在企业工作的且对股权投资会计规则很了解的朋友进行问答。在没有疑问的情况，才进行了较大范围的问卷发放，最后收回的问卷有106份，其中，有10份由于不了解股权投资而未就调研内容进行相关回答，而被剔除在有效样本外，所以最终形成的有效样本有96份。对于收回的有效样本，本书还尽可能对被调研做进一步的交流和讨论，主要就他们对调研选项进行选择的理由做较为深入的询问和讨论。

5.1.2　被调研对象基本情况分析

被调研对象的基本情况，如被调研者的专业素质与任职情况、所任职企业的规模、产权性质，以及股权投资活动等基本情况一定程度上能影响调研结果的信度和效度，因此本书还对被调研对象的基本情况进行统计分析。

1.被调研对象对股权投资会计规则的了解情况

被调研对象对于股权投资会计规则的了解情况直接影响其对股权投资会计的规则与信息有用性评价的有效性。因此，本书首先对接受调研的对象是否了解我国现行股权投资会计规则进行调查。调查结果显示（见表5-1），在接受调查的106位调研者中有10位（占比9.43%）不了解我国股权投资会计规则，剩下96位（占比90.57%）被调研对象对我国股权投资会计规则充分了解，以这部分被调研对象的调研问卷作为有效问卷。调查结果表明绝大部分的被调研对象对我国股权投资会计规则有了解能力，但有效样本中只有16.67%[①]的被调研者对我国股权投资会计规则有很好的掌握，这一定程度上与股权投资会计规则的复杂性有关。

表5-1　　　　　　被调研者对我国股权投资会计规则的了解情况

了解程度	很了解	了解	不了解	合计
样本数	16	80	10	106
比例	15.09%	75.48%	9.43%	100.00%

2.被调研对象专业素质与任职情况

股权投资一般属于公司的战略活动，被调研对象的专业素质以及在公司的任职情况会影响其对股权投资及其会计处理的了解和掌握程度。一般而言，被调研对象的专业职称级别越高，表明其具有的专业胜任能力越强，而且实务经历越丰富；被调研对象在公司中的职位越高也能表明其对于股权投资活动和会计处理的情况越了解，所以本书问卷还专门针对被调研对象的专业素质和任职情况设计了问项。表5-2列示了被调研对象的专业职称类别、职称级别，以及在任职公司的职位等情况。75%的被调研对象具有会计师专业职称，其中还有两位被调研对象

[①]　有效样本中有16位被调研对象很了解我国股权投资会计规则，所以比重为16/96×100%=16.67%。

具有经济师职称；18.75%的被调研对象具有审计师职称；另外，还有6.25%的被调研对象是注册会计师职业会员。其中，85%的被调研对象的专业职称级别在中高级以上，70.84%的被调研对象在公司中担任财务或会计部门的负责人以上。本书调研对象的专业素质和在公司任职情况，一定程度上合理保证了本书调研结果的信度和效度。

表5-2 被调研对象的专业素质和任职情况

职称类别	会计师	审计师	经济师	其他	合计
样本数 比例	72 75.00%	18 18.75%	2 2.08%	6 6.25%	98 —
职称级别	初级	中级	高级	其他	合计
样本数 比例	14 14.58%	46 47.92%	26 27.08%	12 12.50%	98 —
职位	财务总监、财务经理	财务（会计） 部门负责人		其他	合计
样本数 比例	27 28.13%	41 42.71%		28 29.16%	96 100.00%

3.被调研企业的类型与产权性质

本书所调研企业基本涵盖了所有行业①，其中，制造业（占16.67%）、金融保险业（占20.83%）、综合类（占12.50%）和批发零售贸易业（占10.42%）涉及较多；信息技术业（占5.21%）、房地产业（占6.25%）、社会服务业（占7.29%）和传播与文化产业（占6.25%）次之；其他行业涉及较少，农林牧渔业（占3.13%）、采掘业（2.08%）、建筑业（2.08%）、交通运输仓储业（4.17%）和电力煤气及水的生产和供应业（占3.13%）。表5-3列示了被调研对象所任职企业的类型和产权性质。被调研企业主要来自国有企业（占64.58%）和私营或民营企业（占22.92%），来自其他类型的企业则较少，外商独资企业占有效调研样本的4.17%、合资或合作企业占有效调研样本的5.21%，其他企业占有效调研样本的3.12%。另外，有效调研样本中绝大多数的被调研企业属于非上市公司（占69.79%），进一步弥补了第4章实证检验中只是对上市公司股权投资会计信息进行检验的不足。本章结合非上市公司和上市公司关于股权投资会计规则和会计信息的评价进行实地调研进一步与前文的理论分析和实证检验进行相互补充或

---

① 行业分类主要是根据证监会的分类标准，分为13个类别。

印证。

表5-3 被调研企业的类型及产权性质

产权性质	国有	私营或民营	外商独资	合资/合作	其他	合计
样本数	62	22	4	5	3	96
比例	64.58%	22.92%	4.17%	5.21%	3.12%	100.00%

是否上市	上市公司	非上市公司	合计
数量	29	67	96
比例	30.21%	69.79%	100.00%

4.被调研企业的规模情况

被调研企业的规模情况也对其会计核算规范与否产生影响，所以本书还对被调研企业的规模进行调查。由表5-4列示的被调研企业的资产规模和职工人数的情况可知，67.92%的被调研企业资产总额在4亿元以上，24.53%的被调研企业资产总额在4千万元至4亿元人民币之间；60.38%的被调研企业职工人数在2 000人以上，22.64%的被调研企业职工人数在300人到2 000人之间。按照被调研企业资产规模和职工人数而言，绝大部分的被调研企业属于大中型企业，也一定程度上表明本书被调研企业的会计核算较为规范，其股权投资会计的核算也较具有代表性。

表5-4 被调研企业的规模情况

被调研企业资产总额	4千万元以下	4千万元~4亿元	4亿元以上	合计
样本数 比例	7 7.55%	24 24.53%	65 67.92%	96 100.00%
被调研企业职工人数	300人以下	300~2 000人	2 000人以上	合计
样本数 比例	16 16.98%	22 22.64%	58 60.38%	96 100.00%

5.被调研企业股权投资情况

被调研企业是否存在股权投资，以及股权投资类型也会影响被调研企业股权投资会计执行情况，所以本书还对被调研企业的股权投资情况进行调查。由表5-5和图5-1所列示的被调研企业的股权投资情况可知，95.83%的被调研企业存在股权投资情况。在存在股权投资的被调研企业中绝大多数是企业存在对子公司的投资，占比为94.57%；对联营企业和四无投资企业则次之，占比分别为56.52%和51.09%，而对合营企业的投资则较少些，占比为39.13%；相对而言，对于可供出售金融资产和交易性金融资产的投资则较少一些，可供出售金融资产的占比为21.74%，交易性金融资产则最少，占比仅为17.39%。虽然被调研企业具有的股权投资类型不一，但也基本涵盖了所有类型的股权投资。而且与第1章绪论中我国沪深两市所有A股上市公司股权投资情况的统计情况进行比较分析，可知两者结果大概一致，一定程度上相互印证了统计结果和调查结果的信度。

表5-5　　　　　　　　　　　被调研企业股权投资情况

有效样本企业股权投资情况

是否有股权投资	存在	不存在	合计
样本数	92	4	96
比例	95.83%	4.17%	100.00%

存在股权投资样本企业的股权投资类型

股权投资类型	对子公司投资	对合营企业投资	对联营企业投资	交易性金融资产	可供出售金融资产	四无投资
样本数	87	36	52	16	20	47
比例	94.57%	39.13%	56.52%	17.39%	21.74%	51.09%

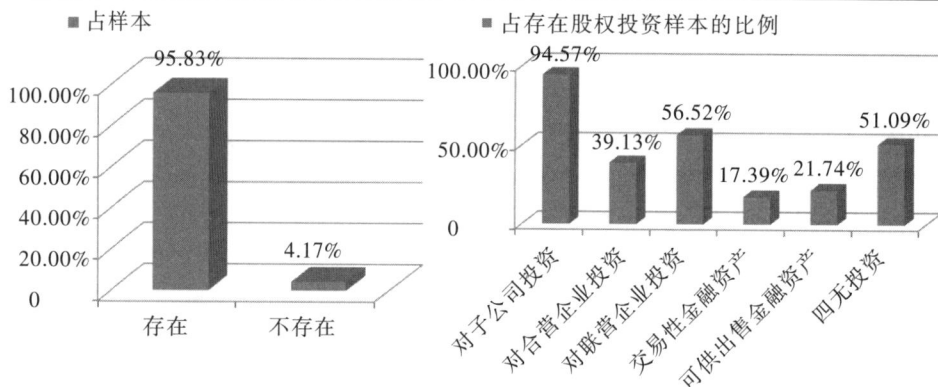

图5-1　被调研企业股权投资情况

5.2　实务界专业人士对股权投资会计规则的评价

关于股权投资会计规则，尤其是股权投资的分类、分类标准，以及会计核算方法的相关规定前文已经对其可能存在的局限性进行了理论评价和演绎分析，且根据本书第一访谈的结果也得知实务界专业人士也认为股权投资的分类、分类标

---

①　由于被调研企业有可能存在股权投资6种类型中1种或者1种以上的股权投资类型，所以无需统计股权类型的合计数。

准等存在问题，所以本书对于股权投资会计规则的评价还进行较大范围的问卷调研且辅以访谈，以便与理论分析进行相互印证。

5.2.1　实务界专业人士对股权投资分类规定的评价

针对本书第3章的理论分析及第一次访谈中实务界专业人士指出的股权投资分类和分类标准的相关问题设计针对性的调研问题，调研结果显示如下：

1.股权投资的分类仍然不清晰且困难

表5-6列示了被调研对象对股权投资分类规定进行评价的调研结果。有效调研样本中有62位被调研对象认为现行股权投资的分类很清晰，占比为64.58%，但仍然有34位被调研对象认为现行股权投资的分类不清晰，占比为35.42%。有效调研样本中有84位被调研对象认为现行股权投资的分类存在困难，占比为87.5%；而仅有12位被调研对象认为现行股权投资的分类不存在困难，占比仅为12.5%。被调研对象认为我国现行股权投资的分类存在困难主要体现在对分类标准的判断上，有6位被调研对象认为对"控制"的判断存在困难，占比为6.25%；有18位被调研对象认为对"重大影响"的判断存在困难，占比为18.75%；有44位被调研对象认为对"管理层意图"的判断存在困难，占比45.83%；有32位被调研对象认为对"公允价值能否能够可靠计量"的判断存在困难，占比为33.33%。

表5-6　　　　　　　　　　被调研对象对股权投资分类的评价

分类清晰性				分类困难性			
清晰		不清晰		困难		没有困难	
数量	占比	数量	占比	数量	占比	数量	占比
62	64.58%	34	35.42%	84	87.50%	12	12.50%

分类困难的体现

控制		重大影响		管理层意图		公允价值能否可靠计量	
数量	占比	数量	占比	数量	占比	数量	占比
6	6.25%	18	18.75%	44	45.83%	32	33.33%

另外，结合问卷调研的进一步访谈可知，实务界专业人士认为股权投资的分类还存在不清晰主要体现在对可供出售金融资产的分类上存在困惑。因为现行股权投资会计规则并没有给出可供出售金融资产的明确定义，而是规定可以将公允价值能够可靠计量的金融资产直接指定为可供出售金融资产，企业专业人士对于"直接指定"非常困惑。

2.股权投资的分类标准存在判断困难

表5-7列示了被调研对象对股权投资分类标准在合理性、困难性等方面的评价结果。由表5-7可知被调研对象认为我国股权投资的分类标准中"管理层意图"和"公允价值能否可靠计量"存在不合理性，且股权投资的四个分类标准在判断上均存在问题，如存在不易理解、可操作性差，以及容易被操纵等问题，具体阐述如下：

表5-7   **被调研对象对股权投资分类标准的评价情况**

分类标准及评价		控制	重大影响	管理层意图	公允价值能否可靠计量
合理	样本量	57	18	8	13
	占比	59.38%	18.75%	8.33%	13.54%
不合理	样本量	0	0	9	9.38%
	占比	0	0	14%	14.58%
不易理解	样本量	12	26	36	4
	占比	12.50%	27.08%	37.50%	4.17%
可操作性差	样本量	13	46	57	59
	占比	13.54%	47.92%	59.38%	61.46%
其他	样本量	15	10	12	7
	占比	15.63%	10.42%	12.50%	7.29%

（1）关于"控制"分类标准，57位被调研对象认为该分类标准是合理的，占比为59.38%；12位被调研对象认为该分类标准不易理解，占比为12.50%；13位被调研对象认为该标准的可操作性差，占比为13.54%；15位被调研对象认为该标准存在其他的问题，如由于控制的界限不清容易导致企业利用该标准进行利润操作，占比为15.63%。

（2）关于"重大影响"分类标准，18位被调研对象认为该分类标准是合理的，占比为18.75%；26位被调研对象认为该标准不易理解，占比为27.08%；46位被调研对象认为该标准的可操作性不强，占比为47.92%，这与第4章关于"重大影响"的存在模糊性和判断困难的理论评价相一致；有10位被调研对象认为该标准存在其他问题，如界限不清问题，占比为10.42%。

（3）关于"管理层意图"分类标准，比较分析被调研对象对于该分类标准合理性的评价可知，相对而言更多的被调研对象认为该分类标准不够合理（14%大于8.33%）；36位被调研对象认为该标准不容易理解，占比为37.50%；57位被调研对象认为该标准由于主观性太强，导致可操作性较差，占比为59.38%；最后还有12位被调研对象认为管理层意图经常在变化，所以容易被用于利润操纵，占比为12.50%。

（4）关于"公允价值能否可靠计量"分类标准，相对而言，较多的被调研对象认为该标准不够合理（14.58%大于13.54%）；仅有4位被调研对象认为该标准的可理解性差，占比为4.17%；而多达59位被调研对象（占比61.46%）认为该标准的可操作性比较差。

为了更为清晰直接地了解被调研对象对股权投资分类标准的评价，本书将表5-7的统计结果形成柱状图，如图5-2所示。由图5-2可知，相对而言，被调研对象关于股权投资分类标准存在的其他问题评价较为一致，平均11.46%[①]的被调研对象认为分类的4个标准容易被企业管理当局操纵。被调研对象较多认为我国股权投资分类标准存在可操作性不强的问题，不理解性次之。被调研对象认为公允价值能否可靠计量这一标准的不易理解性虽然没有其他三个标准差，但是其可操作性却是最差，进一步对被调研对象就这一现象进行访谈可知，由于我国运用公允价值基础较差，根据公允价值估计的三个层级中的后两个层级尤其是第三个层级对公允价值进行估计在我国目前情况下还存在较大的困难。管理层意图这一分类标准相对于其他三个标准而言是最不易理解的，被调研对象主要是认为管理层意图主观性太强，而且经常在变化。

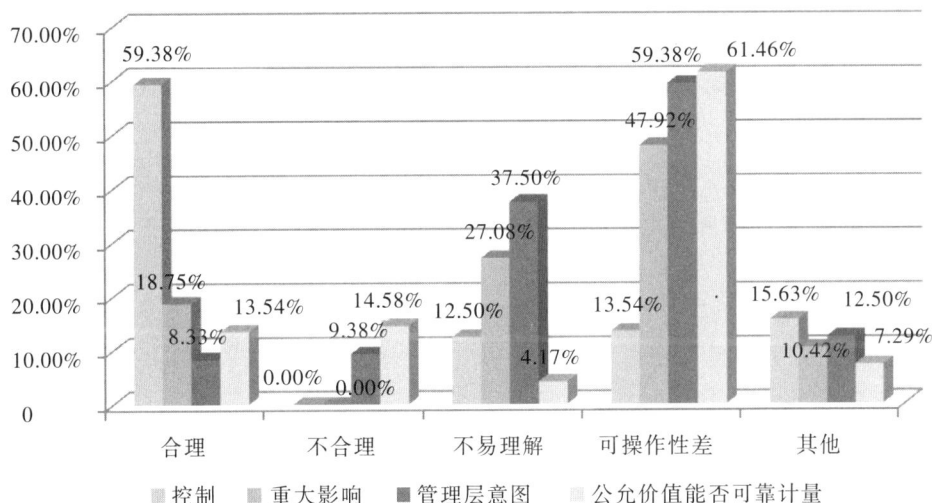

图5-2 被调研对象对股权投资分类标准的评价情况

根据表5-7和图5-2列示的评价结果可知，被调研对象一定程度上认为我国

---

① 根据表5-7中"其他"这一列数据中的"占比"取平均值而来。

股权投资分类标准存在不合理性,判断存在困难,容易被企业管理当局用于操纵会计利润。

3.股权投资重分类情况受管理层意图影响较大

由于股权投资的分类存在可选择性,而分类决定会计方法的选择,从而对企业的财务情况产生不同影响,基于契约观和机会主义观,管理当局很可能基于自身利益角度对股权投资进行重分类。为了调查管理当局是否存在这一动机,本书还对被调研企业是否存在重分类情况进行调查。调查结果显示,12位被调研对象承认所在企业在一个会计年度内对股权投资进行重分类,占比为12.5%。进一步对这部分被调研对象进行询问可知,其所在企业进行股权投资重分类主要是受股权持股比例和股权投资公允价值变动的影响。其中,有4位被调研对象(占33.33%)认为当被投资企业的股票上市时将股权投资进行重分类,有8位被调研对象(占66.67%)认为对被投资企业的持股比例发生变动时进行股权投资会计重分类,但是持股比例的变动主要受管理层意图的影响。因此,实际上而言,股权投资重分类主要受管理层意图的影响。

根据企业专业人士关于股权投资的分类、分类标准,以及重分类的评价可知,我国实务界认为现行股权投资的分类规定存在不清晰和困难;股权投资分类标准也存在判断困难和不合理之处;股权投资的重分类情况受管理层意图影响较大。

5.2.2 实务界专业人士对股权投资会计方法的评价

根据第3章论述的股权投资会计方法相关规定存在的问题,本书还分别就公允价值法下的公允价值法(计入损益)和公允价值法(计入权益)、成本法和权益法相关规定的合理性进行了调查。调查结果如图5-3所示。

1.公允价值法的合理性评价

已有的文献研究和本书第3章的理论分析认为公允价值法的相关规定存在不合理性。为此,本书针对此问题设计了相关的调研选项。关于"股权投资按照管理层意图划分为交易性金融资产和可供出售金融资产,且分别采用公允价值法(计入损益)和公允价值法(计入权益)进行核算"这一规定合理性的调研结果如图5-3第1个柱状图所示,被调研对象中有67位认为股权投资会计规则关于公允价值法使用的相关规定存在不合理性,占比为69.79%;有29位认为该规定合理,占比为30.21%。根据对企业专业人士关于股权投资会计采用公允价值法核算的合理性评价的调查结果可知,大部分的被调研对象认为该规定存在不合理性,即实务界大部分的专业人士认为根据管理层意图不同采用公允价值法(计入损益)或公允价值法(计入权益)存在不合理性。

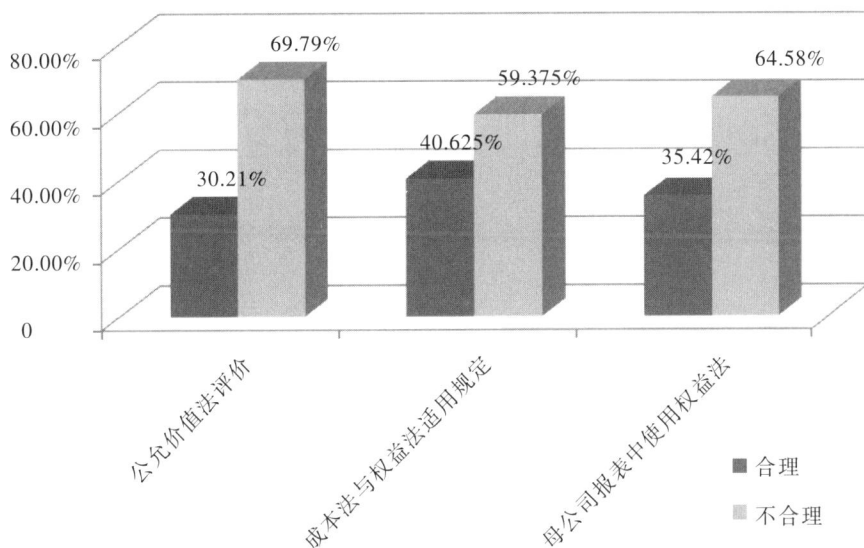

图5-3 被调研对象对股权投资会计方法的评价

2. 母公司报表中权益法和成本法使用规定的合理性评价

本书第3章的理论分析认为在母公司报表中根据投资企业对被投资企业财务或经营政策影响程度不同分别采用成本法或权益法核算股权投资的相关规定存在逻辑冲突且极可能被用于调节会计业绩。为此，本书设计了针对性的调研问题，并征求实务界专业人士的评价意见。

（1）超过一半的被调研对象认为现行母公司报表中权益法和成本法适用规定的合理性较差。关于"我国现行股权投资会计规则将长期股权投资按照投资企业对被投资企业财务和经营政策影响程度的大小划分为4类，且在母公司财务报表中对被投资单位影响程度最强和最弱的股权投资采用成本法核算，而对处于中间影响程度的股权投资则采用权益法"这一规定的合理性的调查结果如图5-3第2个柱状图所示，被调研对象中有57位认为该规定不合理，占比为59.375%；但也有39位被调研对象认为该规定是合理的，占比为40.625%。

进一步对被调研对象就这一问题进行询问，得知认为该规定不合理的被调研对象主要是认为该规定存在逻辑性问题且容易被操纵，而支持者主要是基于准则规定遵从角度而认为该规定是合理的。

（2）超过六成的被调研对象认为在母公司报表中使用权益法不合理。关于"我国现行股权投资会计规则规定在母公司财务报表中采用权益法核算对被投资单位具有共同控制或重大影响的股权投资"这一规定合理性的调查结果如图5-3第3个柱状图所示，被调研对象中只有34位认为合理，占比为35.42%；而多达62位被调研对象认为该规定不合理，占比为64.58%。

进一步对被调研对象进行询问，可知反对该规定的被调研对象认为在母公司报表中同时存在成本法和权益法，且这两种方法还可以相互转化的情况下，很可能给企业管理当局提供盈余管理的空间，从而降低会计信息的可靠性。这与本书第3章的理论分析关于权益法可能被用于最大化企业利润的观点相一致。

根据企业专业人士关于公允价值法下的公允价值法（计入损益）和公允价值法（计入权益）、成本法和权益法相关规定的评价可知，超过60%的实务界专业人士认为现行股权投资会计规则中规定按照管理层意图采用公允价值法（计入损益）和公允价值法（计入权益）的规定存在不合理性，容易被用于调节企业利润；超过一半的被调研对象认为在母公司报表中采用权益法不合理，容易被运用于最大化企业会计业绩。

5.3　信息使用者对股权投资会计信息有用性的评价

由于本书第3章分析认为现行股权投资会计规则存在缺陷，且超过60%的实务界专业人士也认为现行股权投资会计规则存在缺陷，那么根据现行股权投资会计规则生成的会计信息的有用性如何就成为信息使用者关注的重点。企业之间可以互相成为对方的投资者和债权人，所以本书通过问卷调研获取一手数据资料来分析与评价。另外，也与第4章检验股权投资会计信息有用性的档案研究做相互印证或补充。

5.3.1　新旧股权投资会计规则下会计信息有用性的评价

此部分主要从相关性、可靠性和可理解性三个方面，比较分析新旧股权投资会计规则下会计信息的有用性。

1.新旧股权投资会计规则下会计信息相关性的比较分析

表5-8列示了作为主要信息使用者的投资者和债权人对新旧股权投资会计规则下会计信息相关性的评价情况。作为投资者的被调研对象中有5位认为现行股权投资会计规则下会计信息的相关性变低了，占比为5.21%；有15位被调研对象认为股权投资会计信息的相关性不变，占比为15.63%；有76位被调研对象认为现行股权投资规则下会计信息相关性相较于以前变高了。作为债权人的被调研对象中有11位认为现行股权投资会计规则下会计信息的相关性变低了，占比为11.46%；有19位被调研对象认为股权投资会计信息的相关性不变，占比为19.79%；有66位被调研对象认为现行股权投资会计规则下会计信息的相关性较以前有所提高了。

表5-8 新旧股权投资会计规则下会计信息相关性的比较情况

信息使用者	变低		不变		变高	
	数量	占比	数量	占比	数量	占比
投资者	5	5.21%	15	15.63%	76	79.17%
债权人	11	11.46%	19	19.79%	66	68.75%

由图5-4可以清晰地观测到大多数的投资者和债权人均认为现行股权投资会计规则下会计信息的相关性较旧股权投资会计规则下会计信息的相关性有所提高。另外，相比而言，更多的投资者认为现行股权投资会计信息比旧股权投资会计信息的相关性高。

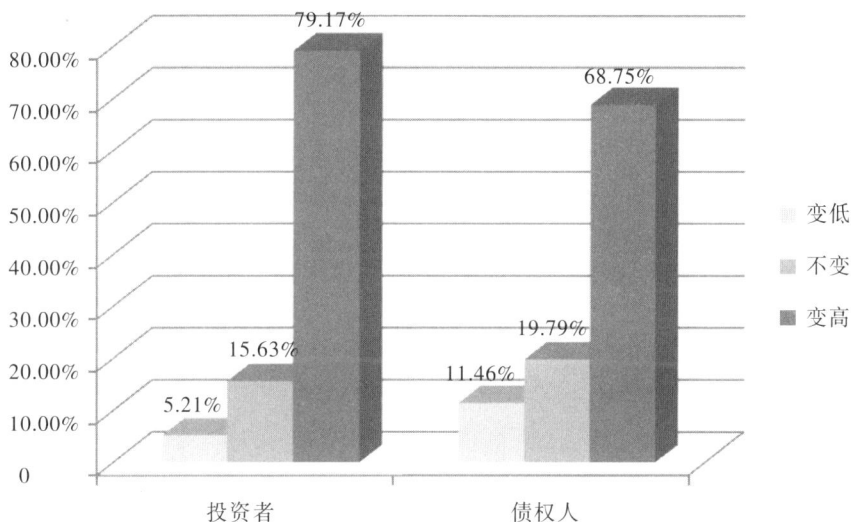

图5-4 新旧股权投资会计规则下会计信息相关性的比较情况

对被调研对象进一步调查得知，投资者认为现行股权投资会计规则下采用公允价值法核算原来由成本法核算的股权投资，相对而言，生成的股权投资会计信息预测价值更高了，所以相关性也更高。

2.新旧股权投资会计规则下会计信息可靠性的比较分析

表5-9列示了投资者和债权人作为主要信息使用者对新旧股权投资会计规则下会计信息可靠性的评价情况。作为投资者的被调研对象中有37位认为现行股权投资会计规则下会计信息比旧规则下会计信息的可靠性有所下降，占比为38.54%；有42位被调研对象认为股权投资会计信息的可靠性没有发生变化，占比为43.75%；有17位被调研对象认为现行股权投资会计规则下会计信息的可靠性变高了，占比为17.71%。作为债权人的被调研对象中有44位认为现行股权投

资会计规则下会计信息可靠性变低了，占比为45.83%；有39位被调研对象认为股权投资会计信息的可靠性没有变化，占比为40.63%；有13位被调研对象认为现行股权投资会计规则下会计信息的可靠性有所提高，占比为13.54%。

表5-9　　　　　新旧股权投资会计规则下会计信息可靠性的比较情况

信息使用者	变低		不变		变高	
	样本量	占比	样本量	占比	样本量	占比
投资者	37	38.54%	42	43.75%	17	17.71%
债权人	44	45.83%	39	40.63%	13	13.54%

由图5-5可以直观地观测到，虽然作为主要信息使用者的投资者和债权人对现行股权投资规则下会计信息的可靠性评价不一，但是相对于相关性而言，投资者和债权人对股权投资会计信息的可靠性评价有所降低，尤其是债权人。一般而言，债权人更关注会计信息的可靠性和稳健性，所以，对会计信息可靠性的要求比相关性更高。

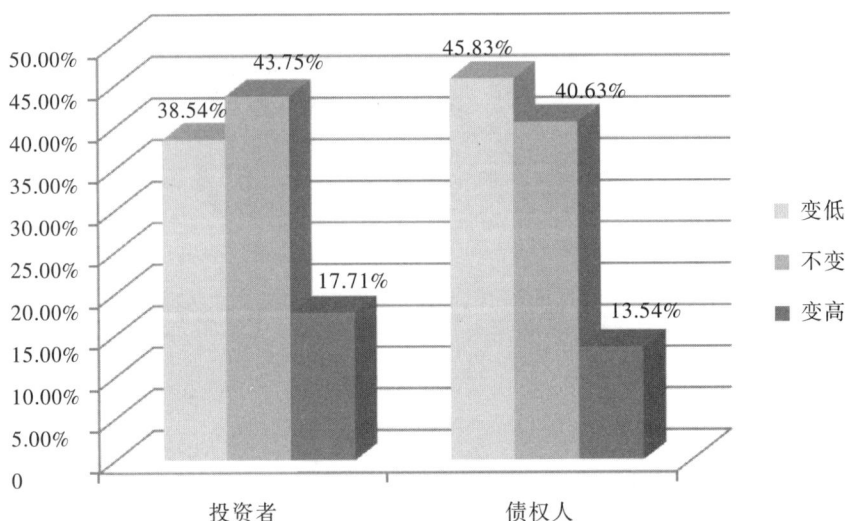

图5-5　新旧股权投资会计规则下会计信息可靠性的比较情况

本书进一步调查了企业专业人士对新旧股权投资会计规则下会计信息的可靠性做出如此评价的原因，调查得知，相对于旧股权投资会计规则而言，现行股权投资会计规则下会计信息的可靠性有所下降。被调研对象认为主要是由于现行股权投资会计规则涉及了更多的主观判断，尤其是管理层意图的存在更容易被用于操纵，从而导致股权投资会计信息的可靠性不高。

3.新旧股权投资会计规则下会计信息可理解性的比较分析

表5-10列示了作为主要信息使用者的投资者和债权人对新旧股权投资会计规则下会计信息可理解性的评价情况。作为投资者的被调研对象中有37位认为现行股权投资会计规则下会计信息的可理解性较旧规则下会计信息的可理解性有所降低，占比为38.54%；有15位被调研对象认为股权投资会计信息的可理解性不变，占比为15.63%；有44位认为现行股权投资会计规则下会计信息的可理解性提高了，占比为45.83%。作为债权人的被调研对象中有44位认为现行股权投资会计规则下会计信息的可理解性较旧规则下会计信息的可理解性变低了，占比为45.83%；有13位被调研对象认为股权投资会计信息的可理解性不变，占比为13.54%；有39位被调研对象认为现行股权投资会计信息的可理解性比旧股权投资会计信息的可理解性有所提高，占比为40.63%。

表5-10　　　　　新旧股权投资会计规则下会计信息可理解性的比较情况

信息使用者	变低		不变		变高	
	数量	占比	数量	占比	数量	占比
投资者	37	38.54%	15	15.63%	44	45.83%
债权人	44	45.83%	13	13.54%	39	40.63%

由图5-6可以清晰地观测到作为主要信息使用者的投资者和债权人对新旧股权投资会计规则下会计信息的可理解性的看法出现较大的分歧，几乎相当比例的被调研对象认为新股权投资会计信息的可理解性变低了或变高了。其中，认为现行股权会计信息可理解性变低的债权人比重高于认为变高的比重。相对于股权投资会计信息相关性和可靠性而言，较大比重的信息使用者认为现行股权投资会计信息的可理解性变低。

对认为现行股权投资规则下会计信息可理解性变低的信息使用者做进一步的调研得知，由于现行股权投资会计的分类和会计处理方法变得复杂化了，而且企业在执行过程中存在混乱，所以导致股权投资会计信息的可理解性变低了。

5.3.2　现行股权投资会计规则下会计信息有用性的评价

除了从与旧股权投资会计规则下生成的会计信息的有用性相比较的角度评价现行股权投资会计规则下会计信息的有用性外，本书还就现行股权投资会计信息本身的有用性进行评价。

1.信息使用者对现行股权投资会计规则下会计信息相关性的评价

表5-11列示了作为主要信息使用者的投资者和债权人对现行股权投资会计规

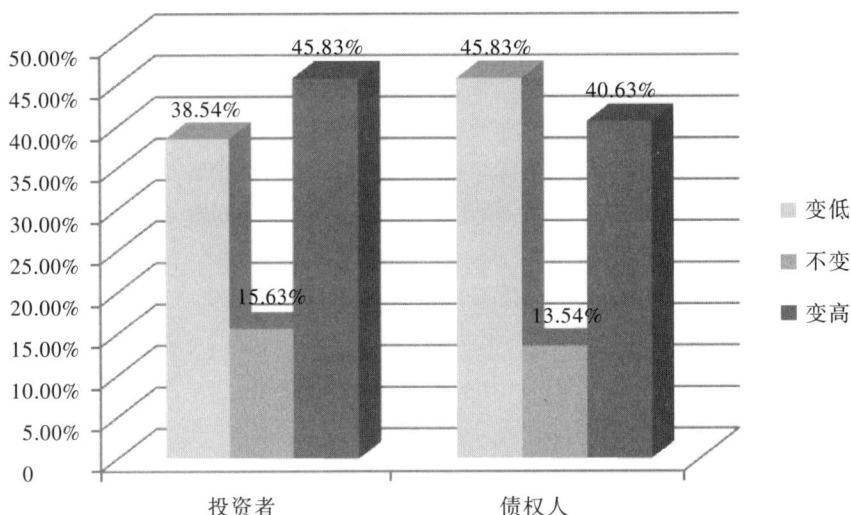

图5-6　新旧股权投资会计规则下会计信息可理解性的比较情况

则下会计信息的相关性评价情况。作为投资者和债权人的被调研对象中没有将现行股权投资会计规则下会计信息评价为"很低"或者"很高"，均在"较高""一般"或"较低"中做出选择。作为投资者的被调研对象有61位认为现行股权投资会计规则下会计信息的相关性较高，占比为63.54%；有30位被调研对象认为现行股权投资会计规则下会计信息的相关性一般，占比为31.25%；仅有5位被调研对象认为现行股权投资会计规则下会计信息的相关性较低，占比为5.21%。作为债权人的被调研对象有42位认为现行股权投资会计规则下会计信息的相关性较高，占比为43.75%；有42位被调研对象认为现行股权投资会计规则下会计信息的相关性一般，占比为43.75%；有12位被调研对象认为现行股权投资会计规则下会计信息的相关性较低，占比为12.50%。

表5-11　　　　　信息使用者对现行股权投资会计信息相关性的评价

信息使用者	很高		较高		一般		较低		很低	
	数量	占比	数量	占比	数量	占比	数量	占比	数量	占比
投资者	0	0	61	63.54%	30	31.25%	5	5.21%	0	0
债权人	0	0	42	43.75%	42	43.75%	12	12.50%	0	0

由图5-7可以直观地观测到，相对于债权人而言，投资者对现行股权投资会计规则下会计信息相关性的评价较高，大多数的企业投资者认为现行股权投资会计规则下会计信息的相关性较高。

2.信息使用者对现行股权投资会计规则下会计信息可靠性的评价

表5-12列示了作为主要信息使用者的投资者和债权人对现行股权投资会计规

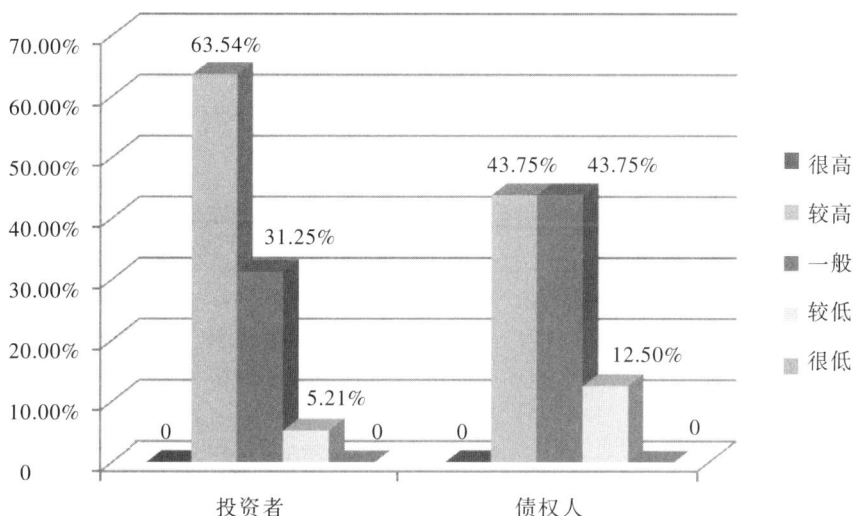

图5-7 信息使用者对现行股权投资会计信息相关性的评价图

则下会计信息可靠性的评价情况。作为投资者和债权人的被调研者均没有对现行股权投资会计规则下会计信息的可靠性做出很高的评价。作为投资者的被调研对象中有10位认为，现行股权投资会计规则下会计信息的可靠性较高，占比为10.42%；有49位被调研对象认为，现行股权投资会计规则下会计信息的可靠性一般，占比为51.04%；有37位被调研对象认为，现行股权投资会计规则下会计信息的可靠性较低，占比为38.54%。作为债权人的被调研对象中有7位认为，现行股权会计规则下会计信息可靠性较高，占比为7.29%；有44位被调研对象认为，现行股权投资会计规则下会计信息的可靠性一般，占比为45.83%；有42位被调研对象认为，现行股权投资会计规则下会计信息的可靠性较低，占比为43.75%；有3位被调研对象对现行股权投资会计规则下会计信息的可靠性做出了很低的评价，占比为3.13%。

表5-12　　　　　信息使用者对现行股权投资会计信息可靠性的评价

信息使用者	很高		较高		一般		较低		很低	
	数量	占比	数量	占比	数量	占比	数量	占比	数量	占比
投资者	0	0	10	10.42%	49	51.04%	37	38.54%	0	0
债权人	0	0	7	7.29%	44	45.83%	42	43.75%	3	3.13%

由图5-8可以清晰地观测到，作为主要信息使用者的投资者和债权人对现行股权投资会计规则下会计信息可靠性的评价普遍不高，甚至有部分作为债权人的被调研对象认为现行股权投资会计规则下会计信息的可靠性很低。对被调研对象

进一步调研可知，被调研对象认为现行股权投资会计规则复杂且混乱，主观性太强，受企业管理当局意图影响明显，而企业管理层意图变化频繁，导致现行股权投资会计规则下会计信息的可验证性差，可靠性不强。

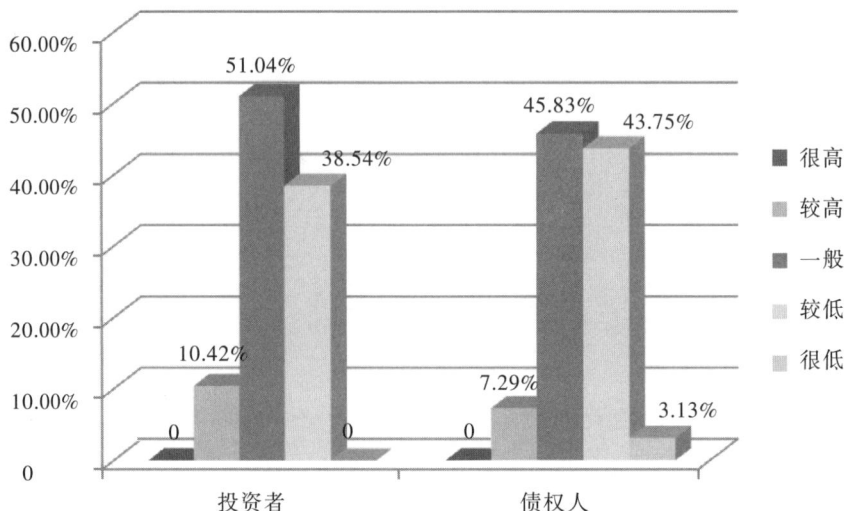

图 5-8　信息使用者对现行股权投资会计信息可靠性的评价

3.信息使用者对现行股权投资会计规则会计信息可理解性的评价

表 5-13 列示了作为主要信息使用者的投资者和债权人对现行股权投资会计规则下会计信息可理解性的评价情况。作为投资者和债权人的被调研对象均未对我国现行股权投资会计规则下会计信息可理解性做出"很高"或"很低"的评价，而是在"较高"、"一般"或"较低"标准中做出评价。作为投资者的被调研对象中有 40 位认为现行股权投资会计规则下会计信息的可理解性较高，占比为41.67%；有 46 位被调研对象认为现行股权投资会计规则下会计信息的可理解性一般，占比为 47.92%；有 10 位被调研对象认为现行股权投资会计规则下会计信息的可理解性较低，占比为 10.41%。作为债权人的被调研对象有 38 位认为现行股权投资会计规则下会计信息的可理解性较高，占比为 39.58%；有 41 位被调研对象认为现行股权投资会计规则下会计信息的可理解性一般，占比为 42.71%；有 17 位被调研对象认为现行股权投资会计规则下会计信息的可理解性较低，占比为 17.71%。

由图 5-9 可以清晰地观测到作为主要信息使用者的投资者和债权人对现行股权投资会计规则下会计信息的可理解性评价不一，但是大多被调研对象对现行股权投资会计信息的可理解性评价不高。

表 5-13   信息使用者对现行股权投资会计信息可理解性的评价

信息 使用者	很高		较高		一般		较低		很低	
	数量	占比	数量	占比	数量	占比	数量	占比	数量	占比
投资者	0	0	40	41.67%	46	47.92%	10	10.41%	0	0
债权人	0	0	38	39.58%	41	42.71%	17	17.71%	0	0

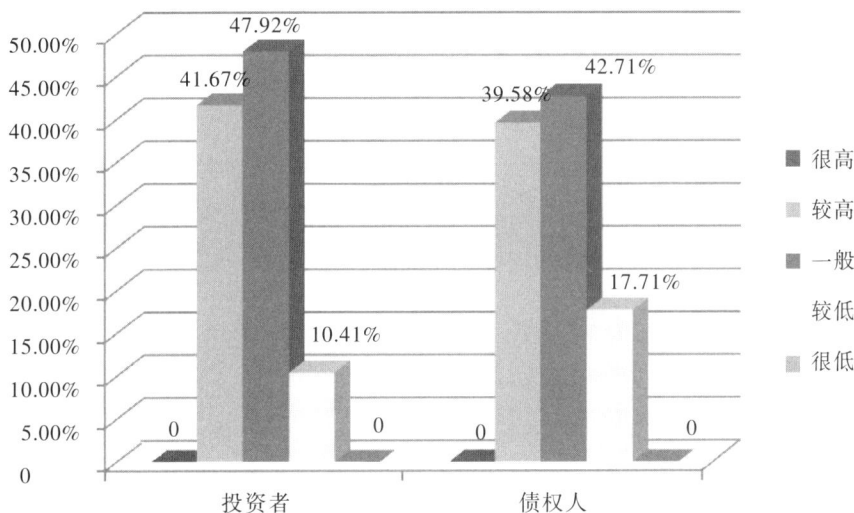

图 5-9 信息使用者对现行股权投资会计信息可理解性的评价

5.4 实务界专业人士关于股权投资会计规则修订的意见

本书还就股权投资会计规则中存在争论较多或者有局限性的规定提出了相关的修订意见，如股权投资的分类、公允价值法，以及权益法在母公司报表中的运用，并调查相关修订意见是否得到企业会计专业人士的认可。

5.4.1 实务界专业人士关于股权投资分类的修订意见

根据对被调研对象关于我国现行股权投资的分类和分类标准的评价的调研结果可知，被调研对象认为我国现行股权投资分类存在不清晰性（见表5-6），在对分类标准进行判断时也存在诸多的困难（见表5-7和图5-2），而且也容易被企业管理当局用于操纵业绩，表明股权投资分类的相关规定存在缺陷。因此，本书结合第一次访谈时被调研对象的建议及相关的理论分析，针对股权投资分类的修订提出了一个方案，即"如果取消现行分类标准，那么根据股权投资的目的（短期内交易获益还是与被投资单位建立商业联系），将其在会计上划分为'交易性金融资产'和'长期股权投资'两大类，且不能进行重分类"（见附录3的调研问题第3（6）题），并征求实务界专业人士的意见。对于该修订意见的调查结果显示，被调研对象有58人认为合理，占比为60.24%；有38人认为不合理，占比为39.58%，表明大部分的被调研对象认可本书提出的关于股权投资分类的修订意见。据此可以推断，实务界大多专业人士认为可以取消现行股权投资分类标准"管理层意图"和"市场状况"，而是根据股权投资活动的目的进行分类。一般而言，股权投资作为企业经营活动的一种，主要有两种目的：一是为了短期内继续进行买卖交易获取差价从而赚取短期收益；二是为了与被投资企业建立商业联系，是一种战略目的。

这一调查结果与本书第二次问卷调查中调查问题的第7题（见附录3）关于股权投资会计规则修订方案这一调研问题统计结果基本一致，这也一定程度上相互印证了本书调研问卷设计的合理性以及调研结果的有效性。

5.4.2 实务界专业人士关于股权投资会计方法的修订意见

根据对被调研对象关于公允价值法（计入损益）和公允价值法（计入权益）、成本法和权益法适用规定合理性的调查结果可知，大部分被调研对象认为我国现行股权投资会计方法相关规定存在缺陷。因此，本书针对股权投资会计方法设计了针对性的修订意见，并征求企业专业人士的意见。调查结果阐述如下：

1. 实务界专业人士关于公允价值法相关规定的修订意见

由于高达69.79%的被调研对象认为，按照管理层意图将股权投资划分为两种不同类型的股权投资，从而采用两种不同的公允价值法存在不合理性（如图5-3所示）。而且，根据第3章的理论分析可知，可供出售金融资产采用公允价值法（计入权益）进行核算是会计准则制定机构的一种折中结果，没有任何的理论依据（周华，2011），从而导致采用公允价值法（计入权益）核算的可供出售金融资产成为企业管理当局调节企业会计业绩的"蓄水池"（叶建芳等，2009）。因此，本书针对此规定存在的问题提出了修订意见"对原来适用公允价值法的股权投资不再按照管理层意图划分为两类，且分别采用两种不同的公允价值法进行核算，而是将这部分股权投资在母公司报表上列示为'交易性金融资产'项目，且采用'公允价值法（计入损益）'进行核算"（见附录3的调研问题第4（2）题），并征求来自实务界专业人士的意见。调查结果显示，认为现行公允价值法相关规定存在问题的69.79%比例被调研对象中，有46人认为本书提出的公允价值法使用情况的修订意见可行，占比为68.66%；只有21人认为不可行，占比为31.34%，表明大部分被调研对象认可本书提出的关于公允价值法适用情形的修订意见。据此可以推断，实务界大部分的专业人士认为按照管理层意图将股权投资划分为可供出售金融资产，且采用公允价值法（计入权益）进行核算的规定不合理。调查结果与理论分析相一致。

2.实务界专业人士关于权益法相关规定的修订意见

由于多达64.58%的被调研对象认为，在母公司报表中采用权益法核算不合理，一方面与国际财务报告准则存在差异；另一方面，由于在母公司报表中根据影响程度不同分别采用成本法或权益法，且还可以进行相互转换，提供了企业盈余管理的空间。同时，还造成了逻辑上的矛盾性，即对被投资单位影响程度处于中间的股权投资采用权益法，而对于影响程度处于最强和最弱的股权投资则采用成本法，被调研对象中有59.375%比例的企业专业人士也不认可这一规定。另外基于前文分析的在母公司报表中，采用权益法可能带来的经济后果问题，本书针对是否在母公司报表中运用权益法提出了修订意见，即"将对被投资单位具有共同控制或重大影响的股权投资在母公司财务报表中原采用权益法核算改为采用成本法核算，且在合并财务报表中才采用权益法核算对这部分股权的投资"（见附录3的调研问题第5（3）题），且征求来自实务界专业人士的意见。调查结果显示，反对在母公司报表中采用权益法的62位被调研对象中，有53位认为本书提出的修订意见合理，占比为85.48%；仅有9位认为该修订意见不合理，占比为14.52%，表明绝大多数的被调研对象认可了本书提出的关于权益法适用规定的修订意见。据此可以推断，调查结果一定程度上表明绝大多数被调研对象认为不应该在母公司报表中运用权益法。对修订意见持反对意见的被调查对象进一步调研可知，其持反对意见主要担心该规定与我国现行股权投资会计规则的相关规定不一致而未被准则制定机构所接纳。

5.4.3　实务界专业人士关于股权投资会计规则的修订意见

由于股权投资会计较为复杂，分类是其初始计量和后续计量的前提，而且股权投资涉及在母公司报表和合并报表中反映，加上现行股权投资会计规则存在缺陷。因此，本书在结合第一次访谈结果与相关检验与分析的基础上，并征求了企业专业人士关于股权投资会计规则修订方案的意见（见附录3的调研问题第7题）。本书对股权投资会计规则的修订提出了三个具体方案：（1）第一方案是按股权投资持有目的（短期内交易获益或建立商业联系）划分为"交易性金融资产"和"长期股权投资"，且在母公司报表中分别采用"公允价值法（计入损益）"和"成本法"进行核算；将形成控制的长期股权投资纳入合并报表范围，对形成共同控制和重大影响的股权投资则在合并报表中采用权益法进行核算。（2）第二方案是按股权投资持有目的（短期内交易获益或建立商业联系）划分为

"交易性金融资产"和"长期股权投资",且在母公司报表中均采用"成本法"进行核算,但对"交易性金融资产"辅以附注披露其公允价值信息;同样将形成控制的长期股权投资纳入合并报表范围,对形成共同控制和重大影响的股权投资则在合并报表中采用权益法进行核算。(3)第三方案是仍然按照我国现行股权投资会计规则的相关规定进行会计处理。另外,本书在问卷设计时还设了一个其他选项,供被调研对象认可的,但在问卷中尚未涉及的方案。

表5-14列示了被调研对象关于我国股权投资会计规则修订方案的选择情况。被调研对象中有33位被调研对象认可了第一方案,占比为34.38%;有35位被调研对象认可了第二方案,占比为36.46%;有26位被调研对象认可了第三方案,占比为27.08%;还有2位被调研对象提出了其他的方案,占比为2.08%。

表5-14　　　　　被调研对象对股权投资会计规则修订方案的选择情况

修订方案	方案一	方案二	方案三	其他	合计
数量	33	35	26	2	96
比例	34.38%	36.46%	27.08%	2.08%	100.00%

由图5-10可以清晰地发现,相比较而言,选择第二方案的被调研对象最多,第一方案的次之。被调研对象倾向选择第二方案,主要是认为目前对公允价值的计量还存在困难,这与调查被调研对象关于股权投资分类标准中"公允价值能否可靠计量"评价的结果较为一致,高达61.46%的被调研对象认为该分类标准存在可操作性差问题。倾向于选择第一方案的被调研对象认为在母公司报表同时存在成本法和权益法,而且这两种方法可以转换的情况下,很可能被用来进行盈余管理,从而影响会计信息的有用性;另外,在母公司报表中运用权益法与国际财务报告准则的相关规定也存在差异,从会计准则国际趋同的角度来看,也应该把原在母公司报表中采用权益法核算的股权投资改为成本法核算,在合并报表中才使用权益法。选择第三方案,即仍然沿用现行股权投资会计规则的被调研对象认为我国会计准则是强制性的,企业无法左右会计准则制定机构的准则制定或修订过程。有2.08%的被调研对象认为虽然我国现行股权投资会计规则存在缺陷,但是不管采用何种修订方案都存在不足,所以目前尚未发现有较为满意的解决方案。

不管企业专业人士基于何种理由选择采用何种方案,但是选择股权投资会计规则修订方案一和方案二的被调研对象的比例合计高达70.84%,一定程度上表明来自实务界的大部分被调研对象均认为我国现行股权投资会计规则存在局限性,需要进行修订。根据对倾向于修订我国现行股权投资会计规则的被调研对象的进一步调查可知,来自实务界的专业人士倾向于采用较为简单的股权投资会计处理方法,如成本法和公允价值法。但也有部分被调研对象认为公允价值存在计

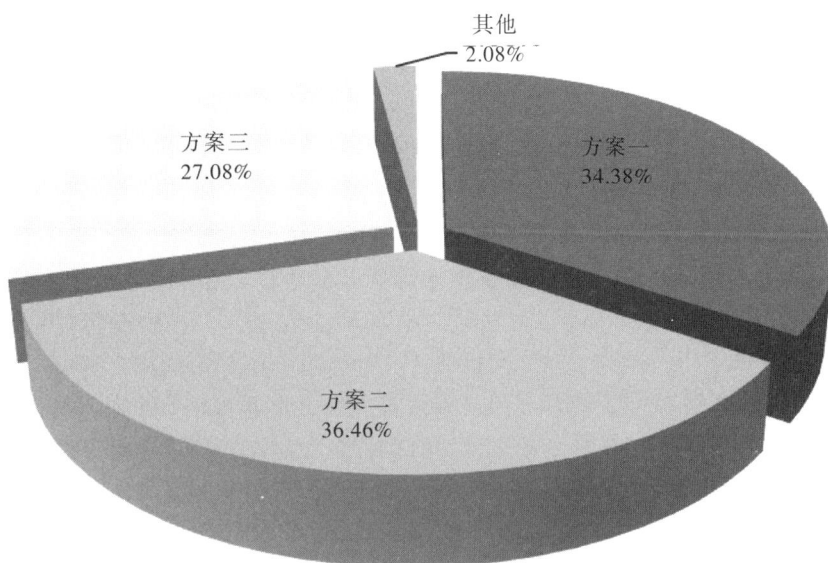

图5-10 被调研对象对股权投资会计规则修订方案的选择情况

量问题，容易被操纵，因此建议在财务报表中采用成本法核算交易性金融资产，同时在附注中披露该股权投资的公允价值信息，如此做法更有利于信息使用者进行决策分析。而对于权益法，被调研对象大多认为该方法复杂繁琐，而且容易被用于调节会计业绩，从而导致会计信息可靠性（如实反映）质量的下降，因此不建议在母公司报表中采用权益法。

5.5　本章小结

本书结合了访谈和问卷调研两种方式，调查了企业专业人士对我国现行股权投资会计规则的评价，以及新旧股权投资会计规则下会计信息、现行股权投资会计规则下会计信息的有用性评价，并征求企业专业人士关于我国股权投资会计规则的修订意见。调查结果主要有如下四个方面的发现：

（1）超过60%的企业专业人士认为，我国现行股权投资会计规则存在缺陷。①虽然较少的被调研对象认为现行股权投资存在分类不清晰问题，但是超过80%的被调研对象认为现行股权投资的分类存在困难，主要体现在对分类标准"控制""重大影响""管理层意图"和"公允价值能否可靠计量"的判断上，尤其是对"管理层意图"判断更为困难。②进一步调查被调研对象关于我国现行股权投资的分类标准的评价意见得知，我国现行股权投资分类标准缺乏合理性，尤其是"管理层意图"和"公允价值能否可靠计量"这两个分类标准；相对于分类标准的其他缺陷而言，超过60%的被调研对象认为我国股权投资分类标准的可操作性差，尤其是分类标准"重大影响""管理层意图"和"公允价值能否可靠计量"的可操作性；我国股权投资分类标准也不易于理解，尤其是"重大影响"和"管理层意图"；我国现行股权投资分类标准容易被企业管理当局用于会计业绩调节，虽然"控制"这一分类标准的缺陷不如其他三个分类标准那么明显。相对而言，更多的被调研对象认为"控制"这一标准更可能被用于调节企业的会计业绩。这可能与我国企业追求资产规模、利润规模最大化的背景有关。

（2）同样超过60%的企业专业人士认为，我国现行股权投资会计方法适用的相关规定存在缺陷。①实务界将近70%的专业人士认为，根据管理层意图采用公允价值法（计入损益）或公允价值法（计入权益）核算股权投资的规定存在不合理性，而且容易被企业管理当局利用这一规定来调节企业业绩。②接近60%的被调研对象也认为，在母公司报表中将投资企业对被投资企业财务和经营政策的影响程度最强和最弱的股权投资采用成本法，而对影响程度处于中间的股权投资采用成本法核算不具有逻辑性，而且容易被用来进行业绩操纵。另外，超过60%的被调研对象认为，在母公司报表中采用权益法核算对联营企业或合营企业的股权投资不合理，且这一规定与IFRS的相关规定也存在差异。

（3）作为财务报告主要信息使用者的投资者和债权人，对股权投资会计信息的有用性的评价普遍不高。①相对于旧股权投资会计规则而言，将近70%的信息使用者（尤其是投资者）认为，现行股权投资会计规则下会计信息的相关性提高了；超过80%的信息使用者认为，现行股权投资会计规则下会计信息的可靠性下降了；信息使用者对于现行股权投资会计规则下会计信息的可理解性评价不一，几乎相当比例的信息使用者认为可理解性变低和变高了。②就现行股权投资会计规则下会计信息本身的有用性而言，投资者比债权人对现行股权投资会计规则下会计信息相关性的评价要高；作为主要信息使用者的债权人和投资者对现行股权投资会计规则下会计信息可靠性的评价普遍偏低，甚者部分信息使用者认为现行股权投资会计规则会计信息的可靠性很低；主要信息使用者对现行股权投资会计规则下会计信息可理解性的评价不一，但大多被调研对象认为现行股权投资会计规则下会计信息的可理解性不高。

（4）超过70%的企业专业人士认为我国现行股权投资会计规则存在缺陷且需要修订。①关于股权投资的分类，超过60%的企业专业人士认为需要简化，应取消现行分类标准中的"管理层意图"和"公允价值能否可靠计量"这两个分类标准，而是按照股权投资的目的（与被投资企业建立商业联系或为了短期内交易获取收益）将其划分为"交易性金融资产"和"长期股权投资"这两个项目。②关于股权投资会计的方法，多达69.79%的企业专业人士认为应该取消公允价值法（计入权益），而且也不应该在母公司报表中采用权益法，而是在合并报表中采用权益法核算对联营企业和合营企业的股权投资。③关于股权投资会计规则的整体修订方案，几乎相当比例的被调研对象选择了第一方案和第二方案，而且选择第二方案的被调研对象比例略多。根据第一方案和第二方案的共同之处可以推断，实务界专业人士倾向于采用成本法核算股权投资，而且尽可能不在母公司报表中采用权益法，而是在合并报表中运用。另外，根据第一方案和第二方案的不同之处可以推断，实务界专业人士倾向于在附注中提供公允价值信息而非直接采用公允价值进行计量。

6 研究结论与政策建议

本章主要总结本书的研究内容及结论，从而有针对性地提出政策建议，最后反思本书研究还存在的局限性并展望未来的研究方向。

6.1 主要研究内容及结论

本书试图对股权投资会计规则演变的理论依据和逻辑基础进行系统梳理和深入剖析，并结合我国会计规则变迁的背景，综合运用理论分析、典型案例、演绎分析、实证检验、实地访谈和问卷调查等多种研究方法，从多个角度考察我国企业按照我国现行股权投资会计规则生成的股权投资会计信息的有用性情况，从而评价基于财务报告决策有用目标下的股权投资会计规则演变是否有效实现了预期目标。本书的研究内容及结论主要有以下几点：

（1）从理论根源来看，股权投资会计规则的演变主要受财务报告目标和财务披露制度的影响。我国股权投资会计规则最近一次演变（2006年）更是决策有用财务报告目标以及以合并报表为主的财务报告披露制度主导下的变革。为了应对环境变化，契合财务报告目标，每次会计规则的演变都是通过修订已有规则或制定新规则来完善原有规则存在的缺陷，但演变后的规则虽然有可能解决了原有规则的不足，但也有可能带来新的问题，甚至有些问题仍然一直未得到解决。财务报告决策有用目标主导下的我国股权投资会计规则最近一次演变（2006年）也不例外，如引入公允价值法虽然有可能提高股权投资会计信息的相关性，但是也带来了盈余管理问题。现行股权投资会计规则存在分类混乱、分类标准可操作性差、会计核算方法选择的自由裁量权过大等问题，导致执行过程存在混乱，且容易被企业管理当局操纵，进而导致股权投资会计信息的有用性不高。具体而言，主要体现在以下几个方面：

①股权投资的分类缺乏逻辑性和理论依据，分类标准可操作性差且极易被操纵。A.分类的三个标准，即对被投资单位的影响程度、管理层意图和股权投资的市场状况在逻辑上并没有并列或递进等关系，且存在逻辑上的矛盾。对不具有控制、共同控制或重大影响的股权投资按其市场状况划分为长期股权投资或金融资产，而对于具有控制、共同控制或重大影响的股权投资却不再按其市场状况做分类，这令人困惑。B.将股权投资划分为可供出售金融资产的标准不清晰。我国

《企业会计准则第22号——金融工具确认和计量》并未给出可供出售金融资产明确的定义，而是将未划分为交易性金融资产或持有至到期投资等的金融资产直接指定为可供出售金融资产。何谓"直接指定"？根据股权投资这一分类规定可知，股权投资的分类规定存在太大的弹性，同时也带来操作上的困难和障碍。C.股权投资分类标准中的控制、共同控制和重大影响等标准存在概念上的模糊性、操作上的障碍和困难，且容易被企业管理当局所操纵。对控制标准的判断影响到股权投资是否需要编制合并报表，而对重大影响这一标准的判断则影响到股权投资是否采用权益法进行核算。然而，在如今企业追求资产规模最大化、利润最大化的背景下，企业管理当局很可能利用股权投资分类来操控编制合并报表的合并范围或权益法的运用，从而最大化企业资产规模和利润规模。

②对于股权投资的初始计量，要根据取得投资的方式不同而分别以历史成本或公允价值为计量基础，这样的规定在逻辑上存在不严密性。"企业合并"是一种结果，强调对被投资企业达到控制程度；企业合并下的"同一控制"与"非同一控制"强调在取得股权投资之前投资单位与被投资单位之间的关系；而"企业合并以外的其他方式"强调的是投资对价的方式。实际上，形成企业合并的股权投资的支付对价也无外乎是支付现金、付出非货币性资产、发行权益证券或者承担债务等，并不能在逻辑上排除《企业会计准则第2号——长期股权投资》列示的非企业合并方式取得股权投资的方式。此外，不同的计价基础对企业财务状况和经营成果的影响也不同，所以还可能导致企业利用股权投资初始计量规定的不严密性进行盈余操纵。

③股权投资的后续计量规则中关于股权投资会计方法的适用规定存在逻辑矛盾、界限不清，且容易被企业管理当局用于盈余操纵。此外，股权投资的分类是股权投资会计后续计量的前提，那么股权投资的分类和分类标准存在的问题也同样会影响后续计量。

A.在母公司报表中关于成本法和权益法的适用规定存在矛盾性。将投资单位对被投资单位具有控制、或者"四无"（无控制、无共同控制、无重大影响且没有活跃市场）的长期股权投资采用成本法进行核算，而对具有共同控制和重大影响力的长期股权投资则采用权益法进行核算，这种"两头"成本法、"居中"权益法的规定在逻辑上存在矛盾性。

B.在母公司报表中运用权益法的规定与母公司报表的法定地位存在一定程度上的冲突，也容易被企业管理当局用于最大化企业会计盈余。此外，在母公司报表中采用权益法对对合营企业和联营企业的股权投资进行核算与国际会计准则也存在差异。权益法下生成的股权投资会计信息缺乏法律证据，形成的股权投资收益不符合依法纳税的信息需求，也不宜用于利润分配，这与基于母公司个别报表的利润分配的法定地位相冲突。另外，在母公司报表中按照适用范围分别采用成本法或权益法，容易被企业通过股权安排实现利润调整。

C.股权投资会计规则中关于公允价值法的相关规定缺乏理论依据，且容易被企业管理当局用于调整企业会计盈余。划分为可供出售金融资产的股权投资，其持有期间的公允价值变动要直接计入权益，在出售时将计入权益的公允价值变动转为投资收益。这种形式的公允价值法，实际上是FASB在美国证监会和美联储的争论不休的情况下的一种折中结果，并没有任何的理论依据。也由于这一规定，可供出售金融资产成为企业管理当局调整企业会计盈余的工具。

（2）实证检验结果也表明，按照我国现行股权投资会计规则生成的会计信息，其有用性表现并不明显，股权投资会计规则的演变并没有有效实现财务报告的决策有用目标。实证检验结果也从另外一个侧面支持了我国现行股权投资会计规则存在缺陷，以及实务执行中存在混乱这一观点。具体体现在：（1）实证检验结果表明现行会计规则下股权投资会计信息具有价值相关性，但是并不比旧会计规则下股权投资会计信息的价值相关性高，即表明会计规则演变背景下的股权投资会计规则的演变，并没有提高股权投资会计信息的价值相关性。（2）实证检验结果表明，现行股权投资会计规则关于公允价值法和权益法的相关规定存在缺陷，容易被企业管理当局用于盈余管理，且有上市公司利用公允价值法和权益法最大化企业的会计盈余，从而实现扭亏为盈的盈余管理行为，使得现行股权投资会计规则下会计信息的可靠性不高，进而导致按照现行股权投资会计规则生成的股权投资会计信息的有用性不强。

（3）实地调研结果也显示，作为主要信息使用者的投资者和债权人大多认为，相对于旧股权投资会计规则而言，按照现行股权投资会计规则生成的会计信息的有用性并没有提高，股权投资会计规则的演变带来了其他新问题，如分类标准主观性太强、可操作性差等问题，建议需要对现行股权投资会计规则进行修订。具体体现在以下几点：

①虽然近70%的被调研对象认为，现行股权投资会计规则下会计信息的相关性提高了，但是超过80%的被调研对象对现行股权投资会计规则下会计信息可靠性的评价普遍偏低，部分信息使用者甚至认为现行股权投资会计规则下会计信息的可靠性很低。作为主要信息使用者的投资者和债权人大多也认为，现行股权投资会计规则下会计信息的可理解性不高，而且相对于旧股权投资会计规则而言，按照现行股权投资会计规则生成的会计信息的可理解性也没有得到提高。整体来看，按照现行股权投资会计规则生成的会计信息对主要信息使用者的有用性并没有得到提高。

②通过对实务界专业人士进行访谈和问卷调查可知，现行股权投资会计规则下会计信息的有用性不高，主要由于现行股权投资会计规则存在缺陷，且实务执行准则过程中存在混乱和被操纵等问题所致。整体上而言，超过60%的实务界

专业人士认为，我国现行股权投资会计规则存在不足和缺陷，一定程度上支持了本书关于股权投资会计规则缺陷的理论分析。超过80%的实务界专业人士认为，依据现行规则对股权投资的分类存在困难，主要体现在对控制、重大影响和市场状况，尤其是对管理层意图等分类标准的判断上。超过60%的实务界专业人士认为，现行股权投资的分类标准缺乏合理性，其可操作性差，不易理解，且易于被企业管理当局用于调节会计盈余。相对而言，管理层意图和市场状况的合理性更差，重大影响、管理层意图和市场状况的可操作性更差，规则关于股权投资的分类和会计方法的相关规定存在缺陷，且容易被用于最大化企业管理当局自身的利益，而非信息使用者的利益。具体而言，A.超过80%的实务界专业重大影响和管理层意图更不易理解。虽然实务界专业人士认为，控制这一分类标准的缺陷不如其他分类标准那么明显，但是却认为控制这一分类标准更可能被用于调节企业的会计盈余。这可能与是否达到编制合并报表从而最大化企业资产规模和利润规模的目标有关。B.实务界将近70%的专业人士认为，根据管理层意图采用公允价值法对股权投资进行核算的规定存在不合理性；超过60%的被调研对象认为，在母公司报表中关于成本法和权益法的适用规定也存在逻辑上的矛盾，且容易被企业管理当局用于业绩操纵。

总体上而言，我国股权投资会计规则受经济环境、财务报告披露制度和财务报告目标的影响历经了多次演变。最近一次演变（2006年）是财务报告决策有用目标，以及以合并报表为主的财务报告披露制度主导下的变革。但本书的理论分析、实证检验和实地调研环环相扣、相辅相成、相互佐证了我国最近一次演变后的股权投资会计规则，并没有很好弥补原有股权投资会计规则的缺陷，反而还带来了新的问题，从而导致生成的股权投资会计信息的有用性并没有提高，也在一定程度上表明，财务报告决策有用目标主导下的股权投资会计规则演变的预期目标并没有有效实现。

6.2　政策启示与建议

通过本书的研究可知，现行股权投资会计规则一定程度上满足了经济环境和财务报告目标的需要，即提高了股权投资会计信息的相关性，但是并没有有效实现财务报告决策有用目标，主要原因：一是现行股权投资会计规则带了新问题，如公允价值法成为盈余管理的工具；二是仍然有一些问题一直未得到解决，如管理当局利用权益法进行盈余管理，从而导致实务界在执行过程中可操作性差及可验证性不强等问题。根据本书的主要研究内容和研究结论，结合本书的研究过程，得到如下几点启示：

一要尽量避免采用主观性太强的分类标准对股权投资进行过多的分类；二要

尽量避免在母公司报表中以主观性太强的判断标准作为股权投资会计方法适用的分界点;三要尽量利用财务报告的双重披露制对母公司报表和合并报表进行分工与协作,从而提高股权投资会计信息的有用性。进一步地,根据本书的研究结论,结合实务界专业人士的修订意见,并权衡各方面的条件与约束,本书对我国现行股权投资会计规则提出以下三点修订意见:

(1)对企业而言,由于现行股权投资的分类和分类标准较多,加上分类标准概念的模糊性,导致股权投资分类的可操作性差、容易被操纵等问题,而解决这一问题最简单的办法是不对股权投资进行分类。但不对股权投资进行分类则不能恰当反映股权投资活动的经济实质,不利于投资者、债权人等主要信息使用者的经济决策。因而,不对股权投资进行分类这一建议不宜被采纳。

而根据本书的访谈结果可知,作为主要信息使用者的投资者和债权人认为,根据持有股权投资的目的,即短期内交易获取收益或与被投资企业建立商业联系,将股权投资划分为交易性金融资产和长期股权投资能更好满足信息使用者的信息需求。问卷调查结果也显示,大多实务界专业人士也认为应该取消现行股权投资会计中"管理层意图"和"市场状况"这两个分类标准,而应该根据股权投资活动的目的进行分类。一般而言,企业进行股权投资活动的目的主要有两种:一是为了短期内进行买卖交易赚取差价,获取短期收益;二是为了与被投资单位建立商业联系,获取长期收益。

因此,本书对我国现行股权投资分类的修订意见为:根据持有股权投资是"为了短期内买卖赚取差价"还是"为了与被投资单位建立长期的商业联系"而将股权投资划分为"交易性金融资产"和"长期股权投资"两类,且不能重分类。这一修订意见,一方面解决了现行股权投资分类混乱等问题,避免被用于操纵;另一方面也满足了信息使用者的信息需求。

(2)对企业而言,根据股权投资取得的方式不同而以不同的计量属性为基础,对股权投资的初始投资成本进行计价存在困难和障碍。此外,以公允价值作为股权投资的初始投资成本入账的计量基础也易于被企业用于操纵会计盈余。然而,相对而言,信息使用者更关心股权投资的期末价值而不是取得时的成本。鉴于此,合理保证股权投资初始投资成本的可靠性相对而言更为重要且必要。

因此,本书对股权投资初始计量规定的修订意见为:以历史成本为计量基础计量股权投资的初始投资成本,不需要根据取得的方式不同采用不同的计量基础计量股权投资的初始投资成本。这一修订意见,一方面可以解决现行股权投资初始计量的相关规定给企业执行过程中带来的障碍等问题,以及避免被用于业绩操纵;另一方面也可以有效保证股权投资初始成本的可靠性,满足信息使用者的信息需求。

(3)对企业而言,成本法是最简单的股权投资会计方法,但是成本法下的股权投资会计信息不能很好满足信息使用者的相关性要求。虽然权益法和公允价值法下的股权投资会计信息具有较强的相关性，但是稳健性不强，且容易被用于调整会计盈余。此外，权益法的会计处理程序较为复杂繁琐。根据第3章的演绎分析可知，如果在母公司报表中仅存在成本法，则可以抑制利润调节；如果在母公司报表中仅存在权益法，利润调节的空间也将大大缩小。为了充分利用股权投资会计方法各自的优点，并同时避免各种方法的缺点，本书认为可以充分利用母公司报表和合并报表双重披露制度以修订股权投资会计方法的适用规定，从而提高股权投资会计信息的有用性。

综合各方面的权衡，本书对股权投资会计方法适用规定的修订意见为：①当财务报表双重披露且以合并报表为主，母公司报表为辅时，在母公司报表中采用成本法核算长期股权投资，采用公允价值法核算交易性金融资产；在合并报表中对具有共同控制和重大影响的长期股权投资采用权益法核算，将具有控制的长期股权投资纳入合并范围；如果企业不存在合并报表时，采用附注形式披露对具有共同控制和重大影响的长期股权投资，采用权益法核算生成的股权投资会计信息。②当财务报表双重披露且以母公司报表为主，合并报表为辅时，在母公司报表中采用权益法核算具有重大影响以上的长期股权投资，采用成本法核算重大影响下的长期股权投资，采用公允价值法核算交易性金融资产，在合并报表中将具有控制的长期股权投资纳入合并范围。这一修订意见，一方面可以解决现行股权投资会计方法混乱等问题，避免被用于调节利润；另一方面可以充分发挥股权投资会计方法的优点，从而尽可能满足信息使用者的信息需求。

值得注意的是，虽然本书提出的股权投资会计规则的修订意见在合理保证股权投资会计信息相关性和可理解性的情况下，一定程度上解决了企业利用现行股权投资会计规则缺陷进行盈余管理的可能，但也可能带来一个新问题，即对股权投资会计不能进行重分类，可能导致股权投资持有目的在真实发生变化时不能进行如实反映。此外，仍然有一个问题一直未得到很好解决，即股权投资会计规则对合并报表有用性的影响，这需要大家的共同努力。

6.3 研究局限与未来研究方向

本书试图在前人已有研究的基础上，更为系统深入地研究股权投资会计规则演变的理论依据和逻辑基础，并评价股权投资会计信息的有用性情况。但由于本人能力有限，以及时间精力的限制，本书还存在尚未解决的问题和诸多局限，主要体现在以下几点：

（1）本书试图将股权投资会计规则的演变置于整个会计规则的演变背景下，系统深入剖析股权投资会计规则演变的理论依据和逻辑基础，为评价我国现行股权投资会计规则的合理性提供理论支持。但在具体分析时主要根据财务报告目标和财务报告披露制度，却较少从整个财务报告概念框架来分析和评价股权投资会计规则的演变。在今后的研究工作中尽可能结合整个财务报告概念框架来梳理和分析股权投资会计演变的合理性以弥补本书这一不足。

（2）本书试图利用我国上市公司的经验数据，对股权投资会计规则的演变是否提高了股权投资会计信息的有用性进行检验。但目前缺乏直接有效的衡量会计信息有用性的方法，所以本书只能在借鉴已有研究的基础上，通过价值相关性对股权投资会计信息的相关性和可靠性进行联合检验，以及通过盈余管理检验对股权投资会计信息的可靠性进行评价，从而间接评价股权投资会计信息的有用性，这样的衡量方法存在局限性。另外，由于股权投资会计信息数据的限制，有些数据并不能非常明确地区分开来，如投资收益，并不能明确区分是在成本法、权益法和公允价值法下确认形成的，本书是通过推导而来，这也造成样本数据并不是那么准确。在今后的研究工作中试图通过长时间手工搜集股权投资会计信息的直接数据以弥补本书的不足。

（3）本书还试图通过实地访谈和问卷调研的途径了解实务界专业人士对我国现行股权投资会计规则的评价，以及对股权投资会计规则的演变是否提高了股权投资会计信息有用性进行评价。但由于条件的限制，本书实地访谈的企业专业人士主要来自注册地在北京的6家公司，数量有限。另外，问卷发放的对象也是限于身边相熟的人或者同学、朋友、老师相熟的人，容易造成样本的自选择性。在今后的研究工作中尽可能扩大调研的范围和对象以弥补本书的不足。

此外，合并报表是财务会计研究的难题，但合并报表形成的根源是股权投资，因此股权投资会计规则对合并报表的影响重大。然而，由于时间和精力的限制，本书却较少涉及股权投资会计规则对合并报表范围的研究，因此，在今后的研究工作中本人将尝试从股权投资会计规则的角度研究合并报表以及财务报告披露制度。

参考文献

[1] 财政部会计司编写组. 企业会计准则讲解2010[M]. 北京:人民出版社,2010.

[2] 常勋. 财务会计四大难题[M]. 4版. 上海:立信会计出版社,2008.

[3] 陈玮,乔旭东,巫升柱,等. 权益法还是成本法——从"创新投"案例看创业投资企业会计规范[J]. 会计研究,2006(1):30-35.

[4] 陈信元,陈冬华,朱红军. 净资产、剩余收益与市场定价:会计信息的价值相关性[J]. 金融研究,2002(4):59-70.

[5] 陈小悦,肖星,过晓艳. 配股权与上市公司利润操纵[J]. 经济研究,2000(1):30-36.

[6] 陈晓,戴翠玉. A股亏损公司的盈余管理行为与手段研究[J]. 中国会计评论,2004,2(2):299-310.

[7] 程小可,龚秀丽. 新企业会计准则下盈余结构的价值相关性——来自沪市A股的经验证据[J]. 上海立信会计学院学报,2008(4):36-46.

[8] 戴德明. 财务报告目标与公允价值计量[J]. 金融会计,2012,(1):21-26.

[9] 戴德明,毛新述. 新企业会计准则:阐释、应用与难点透析[M]. 北京:中国人民大学出版社,2007:216-217.

[10] 戴德明. 高级财务会计学[M]. 北京:高等教育出版社,2011:2-4.

[11] 杜兴强. 高级财务会计[M]. 厦门:厦门大学出版社,2007.

[12] 葛家澍,杜兴强. 会计理论[M]. 上海:复旦大学出版社,2005.

[13] 葛家澍,刘峰. 会计理论——关于财务会计概念结构的研究[M]. 北京:中国财政经济出版社,2003:85-86.

[14] 葛家澍. 中级财务会计[M]. 北京:中国人民大学出版社,2003.

[15] 葛家澍,林志军. 现代西方会计理论[M]. 厦门:厦门大学出版社,2006.

[16] 郭道扬. 会计史研究·第1卷:历史·现时·未来[M]. 北京:中国财政经济出版社,2004.

[17] 郭道扬. 会计史研究·第2卷:历史·现时·未来[M]. 北京:中国财政经济出版社,2004.

[18] 何力军. 合并报表与母公司报表双重披露研究[D]. 北京:中国人民大学,2013.

[19] 纪信义,曹寿民. 公司治理结构对财务报告品质可靠性的影响——从盈余门坎的角度分析[J]. 审计与经济研究,2010,25(1):3-17.

[20] 蒋义宏. 1985-1997中国股市发展对会计思想的影响[J]. 会计研究,1998(6):1-6.

[21] 蒋义宏,魏刚. 中国上市公司会计与财务问题研究[M]. 大连:东北财经大学出版社,2001.

[22] 蒋义宏,王丽琨. 非经常损益缘何经常发生——来自亏损上市公司年报的证据[J]. 证券市场导报,2003(6):9-13.

[23] 斯科特. 财务会计理论[M]. 3版. 陈汉文,等,译. 北京:机械工业出版社,2006.

[24] 科塔里,等．当代会计研究:综述与评论[M]．辛宇,等,译．北京:中国人民大学出版社,2009．

[25] 李彬,张俊瑞,郭慧婷．会计弹性与真实活动操控的盈余管理关系研究[J]．管理评论,2009(9):99-107．

[26] 林钢．同一控制下长期股权投资会计处理对会计信息的影响[J]．财务与会计,2009(3):23-25．

[27] 林钢．交叉持股投资收益确认问题的探讨[J]．财务与会计,2013(6):39-41．

[28] 陆建桥．中国亏损上市公司盈余管理实证研究[J]．会计研究,1999(9):25-35．

[29] 林钟高．关于长期股权投资权益法会计的比较研究[J]．财务与会计,1996(4):34-36．

[30] 鲁桂华．经验会计与财务研究方法:原理、应用及 SAS 实现[M]．北京:北京大学出版社,2007．

[31] 毛新述,戴德明．权益法的目标与运用[J]．财务与会计,2010(1):41-43．

[32] 毛新述,戴德明．会计制度变迁与盈余稳健性:一项理论分析[J]．会计研究,2008(9):26-32．

[33] 毛新述．会计制度变迁、盈余稳健性的测定与经济后果研究[D]．中国人民大学博士学位论文,2007．

[34] 查特菲尔德．会计思想史[M]．文硕,等,译.北京:中国商业出版社,1989:331-338．

[35] 普雷维次,莫里诺．美国会计史:会计的文化意义[M]．杜兴强,等,译.北京:中国人民大学出版社,2006．

[36] 多德,罗佐基．会计理论:政治与经济环境方面的概念性议题[M]．7版.陈艳,等,译．大连:东北财经大学出版社,2010．

[37] 曲晓辉．股权投资会计规范初探[J]．厦门大学学报:哲学社会科学版,2001(1):20-27．

[38] 孙蔓莉,蒋艳霞,毛珊珊．金融资产分类的决定性因素研究——管理者意图是否是真实且唯一标准[J]．会计研究,2010(7):27-31．

[39] 孙铮,王跃堂．资源配置与盈余操纵之实证研究[J]．财经研究,1999,209(4):3-10．

[40] 吴水澎．会计理论[M]．北京:机械工业出版社,2007．

[41] 魏涛,陆正飞,单宏伟．非经常性损益盈余管理的动机、手段和作用研究——来自中国上市公司的经验证据[J]．管理世界,2007(1):113-121．

[42] 徐志翰．长期股权投资计量模式研究——来自于中国证券市场的证据[D]．上海:复旦大学,2007．

[43] 徐先知,刘斌,曹倩倩．金融资产类别选择的经济动因分析[J]．证券市场导报,2010(5):58-64．

[44] 徐晓伟,李林杰,安月平．从非经常性损益看上市公司的盈余管理——对上市公司信息披露中的非经常性损益的实证分析[J]．华中科技大学学报,2003(1):68-71．

[45] 薛爽．亏损上市公司实证研究[M]．上海:复旦大学出版社,2005．

[46] 杨雄胜. 中国会计理论研究应有历史使命感[J]. 会计研究,2012(2):18-22.

[47] 叶建芳,周兰,李丹蒙,郭琳. 管理层动机、会计政策选择与盈余管理——基于新会计准则下上市公司金融资产分类的实证研究[J]. 会计研究,2009(3):25-30.

[48] 周晓苏. 权益法的理论内涵与实际应用[J]. 南开经济研究,1996(2):40-45.

[49] 周华,戴德明,徐泓. 股权投资的会计处理规则研究——从"权益法"的理论缺陷谈起[J]. 财贸经济,2011(10):47-54.

[50] 周华. 会计理论[R]. 工作稿,2011.

[51] 张金若,张飞达,邹海峰. 两类公允价值变动对高管薪酬的差异影响研究——基于我国A股上市公司2007—2008数据检验[J]. 会计研究,2011(10):68.

[52] AHARONY J,LEE C W,WONG T J. Financial packaging of IPO firms in China[J]. Journal of Accounting Research,2000,38(1):103-126.

[53] AHMED A S,TAKEDA C. Stock market valuation of gains and losses on commercial banks' investment securities an empirical analysis[J]. Journal of Accounting and Economics,1995,20(2):207-225.

[54] ALLEN F,CARLETTI E. Mark-to-market accounting and liquidity pricing[J]. Journal of Accounting and Economics,2008,45(2/3):358-378.

[55] BAUMAN M. The impact and valuation of off-balance-sheet activities concealed by equity method accounting[J]. Accounting Horizons,2003,17(4):303-314.

[56] BAUMAN M. Proportionate consolidation versus the equity method:additional evidence on the association with bond ratings[J]. International Review of Financial Analysis,2007,16(5):496-507.

[57] BAREFIELD R M,COMISKEY E E. The smoothing hypothesis:an alternative test[J]. The Accounting Review,1972,47(2):291-298.

[58] BARTH M E, G CLINCH. International accounting differences and their relation to share prices:evidence from U.K.,Australian,and Canadian firms[J]. Contemporary Accounting Research,1996,13(1):135-170.

[59] BARTH M. Fair value accounting:evidence from investment securities and the market valuation of banks[J]. The Accounting Review,1994,69(1):1-25.

[60] BARTH M E,BEAVER W H,LANDSMAN W R. The market valuation implications of net periodic pension cost components[J]. Journal of Accounting and Economics,1992,15(1):27-62.

[61] BARTH M E,BEAVER W H,STINSON C H. Supplemental data and the structure of thrift share prices[J]. The Accounting Review,1991,66(1):56-66.

[62] BARTH M E, BEAVER W H,LANDSMAN W R. Value-relevance of banks' fair value disclosures under SFAS No.107[J]. The Accounting Review,1996,71(4):513-537.

[63] BARTH M E,BEAVER W H. LANDSMAN W R. The relevance of the value relevance

literature for financial accounting standard setting: another view [J]. Journal of Accounting and Economics,2001,31(1/3):77-104.

[64] BIERMAN H. Proportionate consolidation and financial analysis [J]. Accounting Horizons,1992(December):5-17.

[65] BOSCH H. The workings of a watchdog[M]. William Heinemann Australia,1990.

[66] BIRCHER P. The adoption of consolidated accounting in great Britain [J]. Accounting and Business Research,1988,19(73):3-13.

[67] CASTLE E F,GRANT A J C. Practical bookkeeping and accounts(advanced stage) [M]. London:University Tutorial Press,1970.

[68] CHRISTIE A. On cross-sectional analysis in accounting research [J]. Journal of Accounting and Economics,1987,9(3):231-258.

[69] CHEN C W K,YUAN H Q. Earnings management and resource allocation: evidence from china's accounting-based regulation of rights issues [J]. The Accounting Review,2004,79(5):645-665.

[70] COMISKEY E E,MULFORD C W. Investment decisions and the equity accounting standard[J]. Accounting Review,1986,61(3):519.

[71] DAVIS M L, LARGAY J A. Financial reporting of significant-influence equity investments: analysis and managerial issues [J]. Journal of Managerial Issues, 1999,11(3):280-299.

[72] DICKSEE L R. Published balance sheets and window dressing[M]. London:Gee, 1927.

[73] DICKERSON W E, JONES J W. Observation on "the equity method" and intercorporate relationships[J]. The Accounting Review,1933,8(3):200-209.

[74] DIGGLE G,NOBES C W. European rule-making in accounting: the seventh directive as a case study[J]. Accounting and Business Research,1994,24(96):319-333.

[75] DIETER R,WYATT A. The expanded equity method-an alternative in accounting for investments in joint ventures[J]. The Journal of Accountancy,1978,145(6): 89-94.

[76] EASTON P D, HARRIS T S. Earnings as an explanatory variable for returns [J]. Journal of Accounting Research,1991,29(1):19-36.

[77] ECCHER A,RAMESH K,THIAGARAJAN S R. Fair value disclosures by bank holding companies[J]. Journal of Accounting and Economics,1996,22(1/3):79-117.

[78] EDWARDS J R, WEBB K M. The development of group accounting in the United Kingdom to 1933[J]. The Accounting Historians Journal,1984,11(1):31-61.

[79] ENGEL E, HAYES R, WANG X. CEO turnover and properties of accounting information[J]. Journal of Accounting and Economics,2003,36(1/3):197-226.

[80] FINNEY H A. Consolidated statements for holding company and subsidiaries [M]. New York：Prentice-Hall，1922.

[81] FINNEY H A. Principles of accounting，advanced[M]. 3th ed. New York：Prentice-Hall，1946.

[82] FINNEY H A，MILLER H E. Principles of accounting. advanced [M]. New York：Prentice-Hall，1952.

[83] FISCH J H，MELLMAN M. Accounting for investments in affiliated companies[J]. The Journal of Accountancy，1969(November)：41-49.

[84] GORDON I，MORRIS R D. The equity accounting saga in Australia：cyclical standard setting[J]. Abacus，1996，32(2)：153-177.

[85] GRAHAM R C，RAYMOND D K. CAMERON K J M. The value relevance of equity method fair value disclosures[J]. Journal of Business Finance and Accounting，2003，17(3)：123-137.

[86] GNIEWOSZ G. Significant influence through board representation：some conflicts and controversies[J]. Accounting and Business Research，1980，10(39)：285-290.

[87] GRAHAM R C，LEFANOWICZ C E. Majority and minority ownership of publicly-traded firms：a test of the value of control using market multiples[J]. Journal of Business Finance and Accounting，1999，26(1/2)：171-198.

[88] HAUSMAN J A. Specification tests in econometrics[J]. Econometrica, 1978, 46(6)：1251-1271.

[89] HAW I M，QI D，WU D，WU W. Market consequences of earnings management in response to security regulations in China[J]. Contemporary Accounting Research，2005，22(1)：95-140.

[90] HE X J，WONG T J，YOUNG D Q. Challenges for implementation of fair value accounting in emerging markets：evidence from China [J]. Contemporary Accounting Research，2012，29(2)：538-562.

[91] HEALY P M. The effect of bonus schemes on accounting decisions[J]. Journal of Accounting and Economics. 1985,7(1/3)：85-107.

[92] HEALY P，WAHLEN J. A review of the earnings management literature and its implications for standard setting[J]. Accounting Horizons，1999，13(4)：365-383.

[93] HITZ J. The decision usefulness of fair value accounting-a theoretical perspective [J]. European Accounting Review，2007，16(2)：323-362.

[94] HRIBAR P，JENKINS N T，JOHNSON W B. Stock repurchases as an earnings management device[J]. Journal of Accounting and Economics，2006，41(1/2)：3-27.

[95] JENSEN M C，MECKLING W H. Theory of the firm：managerial behavior, agency

143

costs and ownership structure[J]. Journal of Financial Economics, 1976, 10(3): 205-260.

[96] JIAN M, WONG T J. Propping through related party transactions[J]. Review of Accounting Studies, 2010, 15(1): 70-105.

[97] KASZNIK R, MCNICHOLS M F. Does meeting earnings expectations matter? Evidence from analyst forecast revisions and share prices [J]. Journal of Accounting Research, 2002, 40(3): 727-759.

[98] KOHLER E L, SCOVILL H T. Some tentative propositions underlying consolidated reports[J]. The Accounting Review, 1938, 13(1): 63-77.

[99] KOTHARI S P, ZIMMERMAN J L. Price and returns models [J]. Journal of Accounting and Economics, 1995, 20(2): 155-192.

[100] KOTHAVALA K. Proportional consolidation versus the equity method: a risk measurement perspective on reporting interests in joint ventures[J]. Journal of Accounting and Public Policy, 2003, 22(6): 517-539.

[101] LINSMEIERS T, GRIBBLE J, JENNINGS R, et al. Response to FASB exposure draft: proposed statement of financial accounting standards - reporting comprehensive income[J]. Accounting Horizons, 1997, 11: 117-119.

[102] MAZAY V, WILKINS T, ZIMMER I. Determinants of the choice of accounting for investments in associated companies[J]. Contemporary Accounting Research, 1993, 10(1): 31-59.

[103] MATSUNAGA S R, PARK C W. The effect of missing a quarterly earnings benchmark on the CEO's annual bonus[J]. The Accounting Review, 2001, 76(3): 313-332.

[104] MICHL B L, WEYGANDT J J. Market value information for non - subsidiary investments[J]. The Accounting Review, 1971, 46(4): 756-764.

[105] MOONITZ. The entity approach to consolidated statements [J]. Accounting Review, 1944, 17(3): 236-236.

[106] MORRIS R D, GORDON I. Equity accounting adoption in regulated and unregulated settings: an empirical study[J]. Abacus, 2006, 42(1): 22-42.

[107] MULLER K A. An examination of the voluntary recognition of acquired brand names in the United Kingdom[J]. Journal of Accounting and Economics, 1999, 26: 179-191.

[108] NEUHAUSEN B S. Consolidation and the equity method-time for an overhaul[J]. Journal of Accountancy, 1982, 153(2): 54-66.

[109] NELSON K. Fair value accounting for commercial banks: an empirical analysis of SFAS No.107[J]. Accounting Review, 1996, 71(2): 161-182.

[110] NOBES C W. Cycles in UK standard setting [J]. Accounting and Business

Research,1991,21(83):265-274.

[111] NOBES C W. A political history of goodwill in the U.K.: an illustration of cyclical standard setting[J]. Abacus,1992,28(2):142-161.

[112] NOBES C W. The existence and significance of cycles: a reply[J]. Accounting and Business Research,1992b,22(88):381-382.

[113] NOBES C W. An analysis of the international development of the equity method[J]. Abacus,2002,38(1):16-45.

[114] PAUL W, RUSSELL C, FRANK C. Big Bath Accounting' using extraordinary items adjustments: Australian empirical evidence[J]. Journal of Business Finance and Accounting,1991,18(2):173-189.

[115] PETRONI, WAHLEN K R, MICHAEL J. Fair values of equity and debt securities and share prices of property-liaility insurers[J]. Journal of Risk and Insurance,1995,62 (4):719-737.

[116] PIOTROSKI J, WONG T J. Institution and information environment of Chinese listed firms[J]. Working Paper, Stanford University and Chinese University of Hong Kong,2010.

[117] RICKS W E, HUGHES J S. The case of long-term investment[J]. The Accounting Review,1985(January):33-52.

[118] RUSSELL C, PAUL W. Adjustment for extraordinary items' in smoothing reported profits of listed Australian companies: some empirical evidence[J]. Journal of Business Finance and Accounting,1989,16(2):229-245.

[119] ROSENFIELD P, RUBIN S. Contemporary issues in consolidation and the equity method[J]. Journal of Accountancy,1985,159(6):94-97.

[120] SCHIPPER K. Commentary on earnings management[J]. Accounting Horizons, 1989,12:91-102.

[121] TUTTICCI I. The value relevance of equity accounting in Australia during the pre-recognition regulatory period [J]. Asia-Pacific Journal of Accounting and Economics,2002,9(2):209-233.

[122] VALLELY M D, STOKES, LIESCH P. Equity accounting: empirical evidence and lessons from the past[J]. Australian Accounting Review,1997,7(2):16-26.

[123] VENKATACHALAM M. Value - relevance of banks derivatives disclosures [J]. Journal of Accounting and Economics,1996,22(1/3):327-355.

[124] VUONG Q H. Likelihood ratio tests for model selection and non-nested hypotheses [J]. Econometrica,1989,57(2):307-333.

[125] WALKER R G. International accounting compromises: the case of consolidation accounting[J]. Abacus,1978,14(2):97-111.

[126] WILKKINS T, ZIMMER I. The reporting of investments in associated companies and credit evaluations: an experimental study[J]. Journal of Business Finance and Accounting, 1985, 12(2): 207-220.

[127] ZEFF S A. The rise of economic consequences[J]. The Journal of Accounting, 1978(12): 56-63.

附　录

附录1：访谈提纲

关于股权投资会计规则与信息有用性的调研访谈

一、调研目的

本次访谈主要是为了对现行股权投资多种分类和会计方法并存状况做一评价，并分析此规则下股权投资会计信息的有用性。调研内容具体有三个方面：（1）企业财务管理人员对股权投资3种分类和4种会计处理方法的认识和评价；（2）企业投资者对股权投资会计信息的使用情况，以及对股权投资分类和方法的评价；（3）企业债权人对股权投资会计信息的使用情况，以及对股权投资分类和会计方法的评价。

二、简要说明

现行股权投资有3种分类：长期股权投资、交易性金融资产和可供出售金融资产。具体的分类过程和标准见下图：

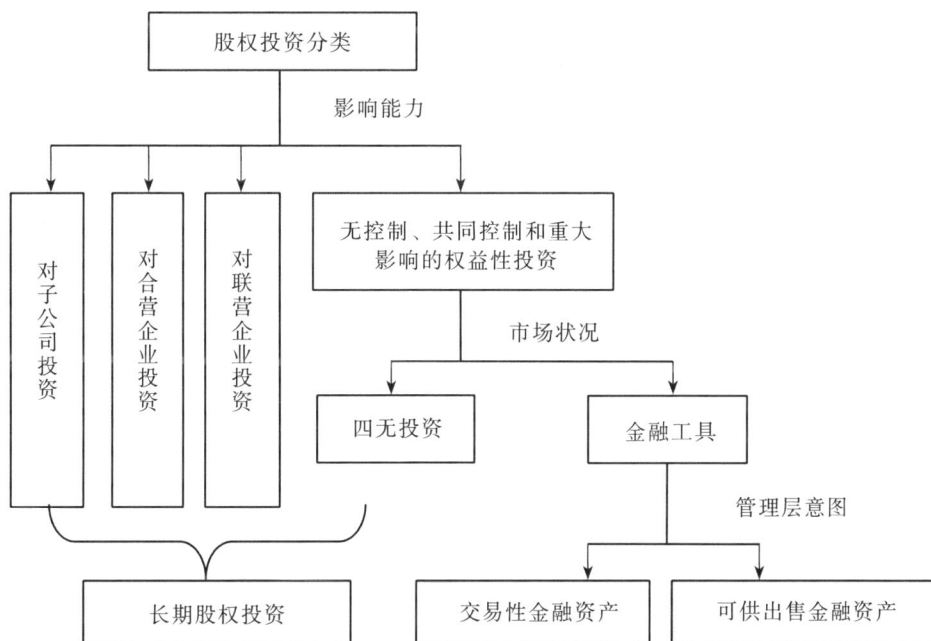

其中，（1）"四无投资"是指公允价值不能可靠获取的，且没有控制、共同

控制或重大影响的权益投资；（2）"影响能力""市场状况""管理层意图"是指股权投资分类的标准。

现行股权投资有4种会计处理方法：成本法、权益法、公允价值法（计入损益）和公允价值法（计入权益）。其中，公允价值法（计入损益）和公允价值法（计入权益）的主要区别在于前者的公允价值变动计入损益，后者的公允价值变动计入权益。

三、访谈内容

（一）企业财务管理者视角

1.您所在公司存在股权投资吗？新准则实施后，如何进行分类及采用何种会计处理方法？

2.在实际工作中，您所在公司是如何判断"对被投资单位的影响力"、如何获取"管理层意图"，以及如何评价股权的"市场状况"等股权投资分类标准的？并请您进一步谈谈对现行股权投资的分类标准的认识或评价。

3.请您评价：

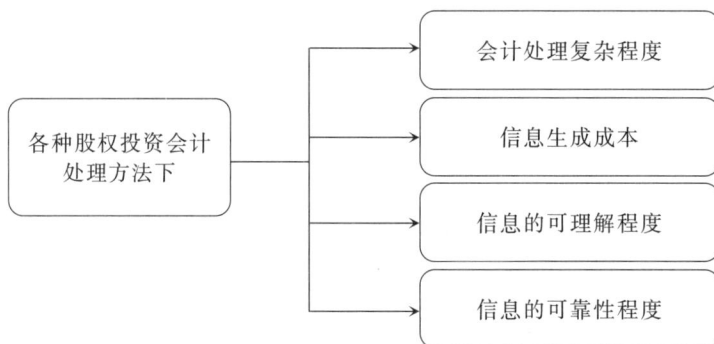

4.您所在公司一般在什么情况下会对股权投资进行重分类？重分类的依据是什么？另外，您所在公司一般在何种情况下会对股权投资会计方法进行转换，方法转换的依据是什么？

5.您所在公司在什么情况下处置股权投资？处置哪些股权投资？为什么？

6.假如会计准则允许企业对股权投资4种会计方法随意选择，您会选择哪一种，或者哪两种或者两种以上的组合？并请谈谈您的理由。

（二）企业投资者视角

1.如果您是企业的投资者，在进行投资决策时，是否关注（或使用）被投资企业财务报表中的股权投资会计信息？在2007年股权投资分类和方法发生变更后，对股权投资会计信息的关注（或使用）相比2007年以前有何变化？

2.企业投资者如何看待财务报表中的股权投资会计信息的有用性？不同股权投资会计处理方法下财务报表信息对企业投资者的有用程度是怎样的？

3.假定会计准则允许企业对股权投资会计处理方法随意选择，企业投资者希望企业做出选择的优先顺序是怎样的？为什么？

（三）企业债权人视角

1.如果您是企业的债权人，在进行贷款决策时，是否关注（或使用）被投资企业财务报表中的股权投资会计信息？在2007年股权投资分类和方法发生变更后，对股权投资会计信息的关注（或使用）相比2007年以前有何变化？

2.企业债权人如何看待财务报表中的股权投资会计信息的有用性？不同股权投资会计处理方法下财务报表信息对企业债权人的有用程度是怎样的？

3.假定会计准则允许企业对股权投资会计处理方法随意选择，企业债权人希望企业做出选择的优先顺序是怎样的？为什么？

附录2：第一次调研问卷

关于股权投资会计规则与信息有用性的调研问卷

尊敬的女士/先生：

您好！首先感谢您抽出5分钟左右时间帮助我们完成调查！

调研目的：预期了解实务界专业人士对股权投资分类和会计方法的认识与评价。

简要说明：（1）股权投资有3种分类："长期股权投资"、"交易性金融资产"和"可供出售金融资产"；（2）股权投资有4种会计处理方法："成本法"、"权益法"、"公允价值法（计入损益）"和"公允价值法（计入权益）"；（3）"公允价值法（计入损益）"和"公允价值法（计入权益）"的区别在于：前者把公允价值变动计入损益，后者把公允价值变动计入权益。

调研声明：本次调查以匿名形式进行，不涉及公司商业秘密，收集到的资料仅用于学术研究，所以请您放心填写！答案无所谓对错，请根据您的实际情况，选择恰当的回答。请将答案打勾。再次感谢您的帮助与支持！

一、基本情况

1.您所在公司所处的行业？

①农、林、牧、渔业　②采掘业　③制造业　④建筑业　⑤信息技术业⑥交通运输、仓储业　⑦批发和零售贸易业　⑧电力、煤气及水的生产和供应业　⑨金融、保险业　⑩房地产业　⑪社会服务业　⑫传播与文化产业　⑬综合类

2.您所在公司的性质？

①国有　②私企或民营　③外商独资　④合资/合作　⑤其他

3.您所在公司是否为上市公司？　①是　②否

4.您所在公司的总资产规模？

①4 000万元以下　②4 000万元~4亿元　③4亿元以上

5.您所在公司的职员人数？①300人以下　②300~2 000人　③2 000人以上

6.您专业职称的类别：①会计师　②审计师　③经济师　④统计师　⑤其他

您专业职称的级别：①初级　②中级　③高级　④其他

7.您的任职部门：　　　　　；您的职位：

二、调研问题

1.请问您是否了解股权投资的分类及会计方法的相关规定？

①很了解　②了解　③不了解

如果您"不了解"，那么就不麻烦您回答以下问题了，感谢您的参与！

2.您所在公司有哪些类型的股权投资？（可多选）

①对子公司投资　②对合营企业投资　③对联营企业投资　④不具有控制、共同控制或重大影响，且在活跃市场没有报价、公允价值不能可靠计量的权益性投资　⑤交易性金融资产　⑥可供出售金融资产　⑦没有股权投资

3.（1）您所在公司的股权投资的分类标准是什么？（可多选）

①对被投资单位的影响能力　②管理层意图　③市场状况　④其他

（2）在进行股权投资分类时有困难或疑惑吗？①有　②无

4.您所在公司如何判断"控制"和"重大影响"标准？（请在相应位置打√或说明）

	定量标准	定性标准	定量和定性标准
对"控制"标准的判断			
对"重大影响"标准的判断			

5.请您评价股权投资会计方法的"复杂程度"。（请在相应位置打√）

	很高	较高	一般	较低	很低
成本法					
权益法					
公允价值法（计入损益）					
公允价值法（计入权益）					

6.请您评价股权投资会计方法各自"信息生成成本"。(请在相应位置打√)

	很高	较高	一般	较低	很低
成本法					
权益法					
公允价值法（计入损益）					
公允价值法（计入权益）					

7.假如您是财务报表信息使用者，请评价各会计处理方法下的信息"可理解程度"。(请在相应位置打√)

	很高	较高	一般	较低	很低
成本法					
权益法					
公允价值法（计入损益）					
公允价值法（计入权益）					

8.假如您是企业投资者，请评价各股权投资会计方法下会计信息的"有用程度"。(请在相应位置打√)

	很高	较高	一般	较低	很低
成本法					
权益法					
公允价值法（计入损益）					
公允价值法（计入权益）					

9.假如您是企业债权人，请评价各股权投资会计方法下会计信息的"有用程度"。(请在相应位置打√)

	很高	较高	一般	较低	很低
成本法					
权益法					
公允价值法（计入损益）					
公允价值法（计入权益）					

10.假如会计准则允许企业在上述4种会计方法中随意选择，且您有权决定

本企业的会计政策，请单纯从本企业的"成本效益"分析角度，按照①②③④对股权投资会计方法进行排序：

会计方法	成本法	权益法	公允价值法（损益）	公允价值法（权益）
排序				

11.假如您是企业的投资者，且假定会计准则允许企业在上述4种会计处理方法中随意选择，那么您对企业股权投资核算方法有何倾向？请按照①②③④进行优先排序。

	成本法	权益法	公允价值法（计入损益）	公允价值法（计入权益）
排序				

12.假如您是企业的债权人，且假定会计准则允许企业在上述4种会计处理方法中随意选择，那么您对企业股权投资核算方法有何倾向？请按照①②③④进行优先排序。

会计方法	成本法	权益法	公允价值法（计入损益）	公允价值法（计入权益）
排序				

本问卷调查到此结束，对您耐心的填写表示衷心的感谢！

附录3：第二次调研问卷

我国股权投资会计规则与信息有用性的调研问卷

尊敬的女士/先生：

您好！首先感谢您抽出5分钟左右时间帮助我们完成调查！

调研目的：预期了解企业专业人士对我国股权投资会计规则变更以及现行股权投资的分类和会计方法的评价，并进一步了解企业对我国现行股权投资会计规则下会计信息有用性的评价，最后了解企业关于我国股权投资会计规则修订的意见。

简要说明：

（1）我国股权投资的分类由2007年前的2分类（长期投资、短期投资）变化为现在的3分类（长期股权投资、交易性金融资产、可供出售金融资产）。股权投资的分类标准也由2007年前的"按流动性分类"，变成现在的按照"对被投资单位的影响程度"、"管理层意图"和"公允价值是否可靠计量"等分类标准进行分类。

（2）我国股权投资会计的方法也由2007年前的两种方法（成本法、权益法）

变为现在的四种方法（成本法、权益法、公允价值法（计入损益）、公允价值法（计入权益））。其中，公允价值法（计入损益）和公允价值法（计入权益）的主要区别在于：前者把公允价值变动计入当期损益，而后者把公允价值变动计入权益。

（3）关于权益法使用的规定，我国现行会计准则（简称CAS）与国际财务报告准则（简称IFRS）存在差异，主要体现在：CAS规定长期股权投资中对合营/联营企业的投资在母公司财务报表中采用权益法进行核算，而IFRS规定只有在合并财务报表中采用权益法对合营/联营企业的投资进行核算，而在母公司财务报表中不能使用权益法。

调研声明：本次调查以匿名形式进行，不涉及公司商业秘密，收集到的资料仅用于学术研究，所以请您放心填写！答案无所谓对错，请根据您的实际情况，选择恰当的回答。请将答案打勾或画线或者进行说明。再次感谢您的帮助与支持！

一、基本情况

1.您所在公司所处的行业？

①农、林、牧、渔业　②采掘业　③制造业　④建筑业　⑤信息技术业　⑥交通运输、仓储业　⑦批发和零售贸易业　⑧电力、煤气及水的生产和供应业　⑨金融保险业　⑩房地产业　⑪社会服务业　⑫传播与文化产业　⑬综合类

2.您所在公司的性质？

①国有　②私企或民营　③外商独资　④合资/合作　⑤其他

3.您所在公司是否为上市公司？　①是　②否

4.您所在公司的总资产规模？

①4 000万元以下　②4 000万~4亿元　③4亿元以上

5.您所在公司的职员人数？　①300人以下　②300~2 000人　③2 000人以上

6.（1）您专业职称的类别：①会计师　②审计师　③经济师　④统计师
⑤其他

（2）您专业职称的级别：①初级　②中级　③高级　④其他

7.您在公司里的职位：

二、调研问题

1.请问您是否了解我国现行股权投资的分类和会计方法的相关规定？

①很了解　②了解　③不了解

如果您"不了解"，那么就不麻烦您回答以下问题了，感谢您的参与！

2.（1）您所在公司是否存在股权投资？　①存在　②不存在

（2）如果存在股权投资，那么按照我国现行股权投资会计规则，您所在公司将其分为哪些类型的股权投资？（可多选）

①对子公司投资 ②对合营企业投资 ③对联营企业投资 ④交易性金融资产 ⑤可供出售金融资产 ⑥不具有控制、共同控制或重大影响，且在活跃市场没有报价、公允价值不能可靠计量的权益性投资

3.（1）您认为我国现行股权投资的分类标准是否清晰？

①清晰 ②不清晰

（2）您所在公司对我国现行股权投资的分类标准进行判断时有困难吗？

①有困难 ②没有困难

（3）如果您认为在对股权投资的分类标准进行判断有困难，那么具体体现在哪些标准的判断上呢？（可多选）

①控制 ②重大影响 ③管理层意图 ④公允价值能否可靠计量

（4）请您分别对我国现行股权投资的分类标准进行评价，在对每个分类标准进行评价时无须考虑其他分类标准，也不需要对分类标准之间进行比较评价。（对每个分类标准的评价可有多个选项）

分类标准	合理	不合理	不易理解	可操作性差	其他（请说明）
控制					
重大影响					
管理层意图					
公允价值能否可靠计量					

（5）一个会计年度内，您所在公司是否存在对股权投资进行重分类情况？

①存在 ②不存在

（6）如果取消现行分类标准，而是根据股权投资的目的（短期内交易获益还是与被投资单位建立商业联系），将其在会计上划分为"交易性金融资产"和"长期股权投资"两大类，且不能进行重分类，您认为如此规定合理吗？

①合理 ②不合理

4.（1）您认为将股权投资按照管理层意图划分为"交易性金融资产"和"可供出售金融资产"，且分别采用"公允价值法（损益）"和"公允价值法（权益）"进行核算是否合理？

①合理 ②不合理

（2）如果不合理，不再对这部分股权投资进行划分，也不再分别采用两种不同的公允价值法进行核算，而是将这部分股权投资在母公司财务报表上列示为"交易性金融资产"项目，且采用"公允价值法（损益）"进行核算是否可行？

①可行 ②不可行

5.（1）您认为我国现行股权投资会计规则中将长期股权投资按照"对被投

资单位的影响程度"大小划分为4类，且在母公司财务报表中对被投资单位影响程度最强和最弱的股权投资采用成本法核算，而对处于中间影响程度的股权投资则采用权益法，如此规定是否合理？

①合理　②不合理

（2）您认为现行股权投资会计规则规定在母公司财务报表中采用权益法对被投资单位具有共同控制或重大影响的股权投资进行核算是否合适？

①合适　②不合适

（3）如果您认为在母公司财务报表中采用权益法不合适，那么将对被投资单位具有共同控制或重大影响的股权投资在母公司财务报表中采用成本法核算，在合并财务报表中才采用权益法，您认为如此规定是否合理？

①合理　②不合理

6.（1）相对于2006年以前的股权投资会计规则而言，现行股权投资会计规则下会计信息的相关性程度、可靠性程度、可理解性程度有何变化？请分别评价。

信息质量特征	假如您是投资者			假如您是债权人		
	变低	不变	变高	变低	不变	变高
相关性						
可靠性						
可理解性						

（2）请您对现行股权投资会计规则下会计信息的质量特征，分别进行评价。

信息质量特征	假如您是投资者					假如您是债权人				
	很高	较高	一般	较低	很低	很高	较高	一般	较低	很低
相关性										
可靠性										
可理解性										

7.如果现在提供一些关于股权投资的分类和会计方法的方案，您会选择哪一种方案或者您有其他您认可的但在问卷中尚未设计的方案吗？

（1）方案一：按持有目的划分为"交易性金融资产"和"长期股权投资"；在母公司报表中分别采用"公允价值法（损益）"和"成本法"对"交易性金融资产"和"长期股权投资"进行核算；在合并财务报表中，对形成控制的长期股权投资则进行完全合并，而对于具有共同控制和重大影响的则采用权益法。

（2）方案二：按持有目的划分为"交易性金融资产"和"长期股权投资"；

在母公司报表中采用"成本法"对这两种股权投资进行核算，且对"交易性金融资产"辅以附注披露其公允价值的变动；在合并财务报表中，对形成控制的长期股权投资则进行完全合并，而对于具有共同控制和重大影响的则采用权益法。

（3）方案三：仍然按照我国现行股权投资会计规则的相关规定进行处理。

（4）方案四：其他（请说明）。

本问卷调查到此结束，对您耐心的填写表示衷心的感谢！

索 引

后 记

本专著是在我博士论文的基础上修改完成的。在此,首先要对我的博士生导师中国人民大学戴德明教授表示衷心的感谢和深深的敬意。回想读博期间与导师相处的点点滴滴仍然历历在目,教诲也言犹在耳。戴老师对于会计学科、教育事业可持续发展的社会责任心深深地打动与感染了我;也常常教诲我们做研究就要做有价值的研究,没有实践价值,至少也要做到有理论意义,这一指导思想在我未来的学术研究生涯中时刻鞭策着我;每次师门研讨会上以及在导师的会计理论课堂上,戴老师对相关问题反思与见解的高度、广度和深度,给人一种耳目清新之感,也开阔了我的思路。

本专著的选题也正是来自戴老师的启发与引导。之后的著作过程,再到修改,最后的定稿无一不凝聚着恩师的悉心指导。戴老师不仅对本专著研究问题的提出、研究贡献的提炼、研究方法的恰当性等大的方面,甚至对句、词、字、标点符号都会进行批评指正。恩师高尚的人格魅力、渊博的知识底蕴、严谨的治学态度、求实的工作作风,时时刻刻激励着我勤奋进取。"师恩似海,教爱如山",我无以为报,唯有以戴老师为榜样,努力踏实地做人、做事、做学术研究,力争做一位德业兼修的人民教师。

本专著能顺利完成,还要感谢中国人民大学叶康涛教授。叶老师关心我的生活情况,也时刻关心我的成长和学业进步,鼓励我摈弃一切杂念、明确目标、按部就班地做科研、争取做一个顶天立地的人。感谢我的同门师兄周华教授。周老师是一位很有才情的老师,对学术有一种特别的热忱。他时刻鼓励我追求学术的长足进步;时不时给我推荐一些好书;在本专著写作过程中给予我诸多无私的帮助和指导。同时感谢中国人民大学荆新教授、徐经长教授、耿建新教授、秦荣生教授、林钢教授、赵西卜教授、朱小平教授、于富生教授、孙蔓莉教授、朱鑫东教授、张博教授、徐宽教授、彭松岚教授等诸位老师在我读博期间在会计理论与方法等学习方面给予的指导。

另外,还要特别感谢夏鹏师兄给予本专著实地访谈提供的帮助;感谢在企业工作的硕士和博士同学以及接受我调研的所有企业的财务会计专业人士,感谢他们在百忙中接受我的问卷调研和访谈,感谢他们不厌其烦地接受我的询问和调研。正是他们的积极参与和帮助,让我能够顺利完成本著作的写作。

同时,感谢东北财经大学会计学院的方红星教授、孙光国教授、刘永泽教授、陈艳利教授、张娆副教授等各位同仁的大力支持和关照。会计学院是一个充满激情与活力的集体。在这个大家庭中,我感受到了温暖,也使我不断地成长与进步。

　　本专著出版得益于东北财经大学出版社领导和编辑的大力支持，这里表示真诚的感谢！

　　永远感激我父母三十多年来的养育之恩。他们无私的爱是我人生的最大财富，他们的鼓励始终是我奋斗的力量源泉。本专著的完成与父母的大力支持与鼓励分不开。今后继续按照父母的期望，努力争取做一个对国家、对社会、对单位有用的人。

　　面对成稿，我的心中还留有一丝丝遗憾。由于时间和精力有限，对有些问题的研究尚不够深入。"路漫漫其修远兮，吾将上下而求索"，我将在今后的工作、学习中对这些问题继续关注来弥补这一缺憾。

　　最后，衷心感谢所有帮助过我的人，并真诚祝愿他们平安、健康、幸福！

莫冬燕

2017 年 12 月 20 日于知心园